农户正规信贷约束：有效甄别、福利效应及缓解路径

——以江西省为例

李长生　著

中国农业出版社
北　京

图书在版编目（CIP）数据

农户正规信贷约束：有效甄别、福利效应及缓解路径：以江西省为例 / 李长生著．—北京：中国农业出版社，2018.9

ISBN 978-7-109-24504-4

Ⅰ.①农…　Ⅱ.①李…　Ⅲ.①农业信贷—研究—江西
Ⅳ.①F832.756

中国版本图书馆 CIP 数据核字（2018）第 196954 号

中国农业出版社出版
（北京市朝阳区麦子店街 18 号楼）
（邮政编码 100125）
责任编辑　闫保荣

中国农业出版社印刷厂印刷　　新华书店北京发行所发行
2018 年 9 月第 1 版　　2018 年 9 月北京第 1 次印刷

开本：700mm×1000mm　1/16　　印张：9.5
字数：200 千字
定价：38.00 元

本研究获得国家自然科学基金地区项目“新生代农民工创业过程中融资约束和社会网络交互作用机理研究——以江西省为例”（项目批准号：71563017）资助，在此表示衷心的感谢！

内 容 提 要

党和政府一贯高度关注农民特别是贫困地区农民的收入问题。2012 年 6 月《国务院关于支持赣南等原中央苏区振兴发展的若干意见》明确指出，原中央苏区特别是赣南地区的经济发展水平还非常落后，民生问题还非常突出，贫困落后的面貌需要得到根本改变。党的十八大报告明确要求“加大对革命老区、贫困地区扶持力度”以“逐步缩小城乡差距，促进城乡共同繁荣”。农民问题是“三农”问题的核心问题，而农民增收的问题又是农民问题的核心。农民的收入水平不仅影响到农民的生活水平，也制约着农村的经济发展，更关系到全面建设小康社会伟大目标的实现。因此，农民收入问题是我国当前经济社会发展的重点难点问题，如何促进农民增收受到政府和广大学者的广泛关注。

通过对位于江西省赣州市的 15 个县、吉安市的 10 个县和抚州市的 9 个县共 34 个县进行随机抽样调查得到的 872 个有效样本农户的研究，首先考察农户是否向他人或金融机构发生了借贷行为，通过判定农户借贷资金的金额、渠道、用途，以及为什么没有向金融机构申请贷款等，甄别农户是否受到信贷约束。在有效甄别了农户的正规信贷约束后，考察了信贷约束对农户的福利效应，因为样本农户的主要劳动力在家务农，因此首先使用分位数回归方法实证研究了信贷约束对农户种植业收入的影响。再用随机前沿生产函数分析农户的不同投入产出，对比受到信贷约束和没有受到信贷约束的农户的生产效率，揭示不同的资本投入对农业生产效率的影响；再用工具变量模型论证信贷约束对农户消费支出的影响。从农户禀赋、农户金融意识和农户信贷交易成本三个方面用 Probit 模型论述农户信贷约束的影响因素，还从政治参与和金融参与的角度揭示各因素对农户信贷约束的不同影响。最后从提高农户金融意识和改善农户健康状况、降低农户信贷的交易成本以及发展微型金融等方面提出缓解农户信贷约束的政策建议。

针对上述研究内容，分别得出了相应的研究结论：第一，农户的信贷需求旺盛：样本农户中 85.5%都有向金融机构贷款的意愿，表明样本地区农户对信贷具有普遍性的需求；53.4%的样本农户受到信贷约束，供给型信贷约束和需求型信贷约束农户数分别占信贷约束农户总户数的 40.3%和 59.7%。第二，农户收入在各分位数回归条件下都受到土地和劳动的显著正向影响，信贷约束对不同收入水平的农户的影响是不一样的：对 1/10 分位点的低收入农户、1/4 分位点的较低收入以及 9/10 分位点的高收入农户而言，信贷约束对他们的收入有显著负向影响，而在 5/10 分位点及 3/4 分位点的回归结果显示，信贷约束对这些农户收入有负向影响但影响并不显著。第三，把样本农户分成受到信贷约束和没有受到信贷约束的农户，通过对两组农户的统计分析和随机前沿生产函数的实证研究，得到以下结论：没有受到信贷约束农户的平均产值要比受到信贷约束农户高出 563.2 元，平均亩产要比受到信贷约束农户多 109.0 元。农户生产效率不仅受到土地、劳动力等传统投入要素的影响，也受到信贷约束的影响：没有受到信贷约束的农户比受到信贷约束的农户的平均生产效率要高出 17.8 个百分点，比总样本农户的平均生产效率要高出 7.4 个百分点。第四，通过 Probit 模型计算边际效应得到各因素的影响方向和程度：农户负责人年龄每增加一岁，农户受到信贷约束的概率就会降低 0.46%。农户的健康状况每下降一个等级，受到信贷约束的几率就会增加 0.39%。相比家庭成员中没有政治参与行为的农户，有政治参与的农户受到信贷约束的概率要低 1.3%。农户居住地与金融机构的最小距离每增加一公里，受到信贷约束的可能性就会增加 0.40%。相对于没有办理银行卡业务的农户，会使用银行卡业务的农户受到信贷约束的概率要低 29.40%；农户每月在银行存款的次数每增加一次，受到信贷约束的概率要低 36.48%。第五，Probit 模型的实证结果表明政治参与和金融参与对农户信贷约束有显著影响。样本均值处的边际效应测算结果表明，相比没有任何政治参与行为的农户，有政治参与活动的农户受到信贷约束的概率要低 1.25%。相比没有办理银行卡业务的农户，能运用银行卡办理相关业务的农户受到信贷约束的概率要低 29.4%。农户每月用银行卡在银行办理业务的次数每增加 1 次，其受到信贷约束的概率就会低 36.48%。第六，从发挥农户禀赋、降低农户信贷交易成本以及发展微型金融的角度提出缓解农户信贷约束的政策建议。

本书的研究内容和研究结论有较强的理论意义和现实意义。理论意义表现为该研究有利于进一步发展我国农村金融制度，有利于进一步完善适应社会主义市场经济的农村金融体系。现实意义在于，通过缓解农户信贷约束，促进我国特别是欠发达地区农民的增收以及乡村振兴战略的实施具有一定借鉴意义。

关键词： 农户；信贷约束；有效甄别；福利效应；缓解路径

Abstract

The Party and the government have been paying great attention to improve the income of the farmers especially the poor farmers. The document of *Certain Suggestions on Supporting of the Promotion and Development in Former Central Soviet Areas in Southern Jiangxi and other areas* was released by the State Council to point out that the economic development of these central Soviet areas is still lag behind, the people's livelihood is still outstanding and the problem of their poverty and backwardness needs to be changed fundamentally and urgently. The report of the 18th National Congress of the Communist Party of China stressed that it is needed to enforce the support to the revolutionary and poor areas and to gradually narrow the gap between urban and rural areas and to promote common prosperity of these areas. The core of the three problems is the problem of the farmers while the core of the problem of the farmers is to improve their income. The problem is not only affects the living standards of farmers and restricts the rural economic development, but also deeply relates to the great goal of building a moderately prosperous society. So the study on the farmers' income is the realistic requirement and policy support of China's current economic and social development. To promote farmer' income is received extensive attention from government workers and the masses of the scholars.

The total 872 samples were selected from 34 counties in Jiangxi province. The first content of the paper is to judge whether the rural households need to borrow money from the financial institute, getting the information about the amount, channels and purpose of their loans and why they didn't borrow money from financial institutions. Then three most important contents were empirically analyzed by different methods. The next important content is to explore the effect direction and degree of the credit resources to the rural households' income. Cross section data were used to analyze the direct impact of credit constraint on farmers' income by quantile regression. In order to stress the importance of the credit resource, the indirect effect of the credit constraint on farmers' income was also empirically analyzed by stochastic frontier production function and instrumental variable model. The third important content is to analyze the factors that affect farmers' credit constraints by Probit model. The last content is to explore the policy recommendations for relieving the farmer' credit constraints by improving the farmers' financial awareness and farmers' health and by developing microfinance.

The results of the paper are as follow: Firstly, the farmers have great demand for the formal credit, because 85. 5% of the sample farmers need loans from financial institutions. 53. 4% of the total sample households are credit constrained by the financial institutes. But the causes are different, The reason for 40. 3% of the households are credit constrained is from the perspective of the supply of the financial institutes, while the reason for 59. 7% of the households are credit constrained is from the perspective of the demand of themselves. Secondly, both land and labor are significantly positive to the farmers' income which is revealed by the quantile regression. But the effects are different for different farmer according to their income level. Credit constraints has a significant negative effect on their income for the households which are on the 1/10, 1/4 and 9/10 quantile level. However, the results show that the credit constraint has a negative effect on the households which are on the 5/10 and 3/4 quantile level. But the impact is not significant. Thirdly, On the statistic analysis of the farmers' individual characteristics and the input and output of their production, the results show that the value of the production of the credit farmers is 563. 2 yuan and the average value is 190. 0 yuan less than that of the counterparts. The total sample is divided into two parts. One includes farmers who have been constrained by the formal credit while the other one has not. The empirical results of the stochastic frontier production function show that the agricultural production efficiency is not only affected by the labor and other factors, but also associated with the formal credit constraints of the farmers. The efficiency loss of the credit constraint farmers is 17. 8% higher than that of the unconstraint farmers. Fourthly, the marginal effect of the Probit model showed the influencing direction and degree of the various factors: the probability of the formal credit constrain will decrease 0. 46% once he is one more year old. The probability of the formal credit constrain will increase 0. 39% when the rural household' health state deteriorate a level. Compared to others, those households whose family members are participated in political activities has a 1. 3% lower possibility to suffer credit constraint. The possibility will increase 0. 40% once the minimum distance from the living place to the location of the formal financial institution increase one kilometer. The model also showed that 29. 40% lower of the probability to credit constraints for those who use bank card and 36. 48% lower if a household increase one time of bank deposit per month. Fifthly, Both political participation and financial participation significantly and negatively affect the rural households'credit Constraints. Marginal effects are calculated to reveal the effect extend of political participation and financial extent of participation on on rural households'credit constraints. Lastly, Some policy recommendations are put forward to relieving the farmer' credit constraints by improving the farmers' financial awareness and farmers' health. These analyses on the improvement of rural financial service also show that the development of the microfinance can effectively alleviate the farmer' credit constraints.

There are theoretical and practical significance to study the influencing effects of the formal credit constraint on rural households' income and the relief mechanism of the rural households' formal credit constraints. The theoretical significance lies in that the paper will help to the improvement of the rural financial system to adapt to the socialist market economy. The practical significance of the study is that it provides a reference on the relief of the credit constraints. So it will help the farmer increase their income and help construct a new countryside and build a well - off society in China.

Key words: Rural Households; Credit Constraints; Effective Judgement; Welfare Effects; Alleviating Path

目　　录

第1章 绪　　论

1.1 研究背景

党的十八报告提出了2020年我国国内生产总值和城乡居民人均收入比2010年翻一番，全面建成小康社会的奋斗目标。这就要求以社会化生产为主要特征的城市经济和以小农生产为主要特征的农村经济并存的城乡二元经济结构向现代经济结构的转型。虽然近年来我国农村地区在经济、社会、文化等各方面都取得了巨大的成就，但二元经济结构的现状并没有得到明显改善，主要表现为农民收入水平不高，城乡居民收入差距并没有逐渐缩小反而在不断扩大；农业产业化水平较低，产供销体制不通畅，农业综合生产能力不高，农业基础地位还不稳固；城乡公共服务均等化趋势不明显，农业转移人口市民化进程缓慢。这些问题都将严重影响我国农村地区经济社会的全面发展。因此，“三农”问题特别是农民增收问题成为我国全面建成小康社会奋斗目标的关键，是广大学者研究的重点内容之一。

农村金融不仅是农村经济的核心，也是我国农村经济改革和社会发展的重要力量和政策工具。作为农村经济发展中最重要的资本要素配置系统，农村金融的发展状况将直接影响农民收入水平，也将影响农村地区经济、社会、文化的整体发展。农村金融的发展能促进农业的增产、农民的增收以及农村经济社会的发展。当前，我国农户的金融服务供给总体上有所改观。不管是农户贷款的总量还是农户贷款占贷款总额的比例都在不断上升。随着农村金融改革的不断发展，我国现有的农村金融体系主要由政策性金融机构、商业性金融机构以及合作性金融机构等构成。新型农村金融机构也在不断地发展，农村信用合作社仍然是农户贷款的主力，邮政储蓄银行和中国银行给农户发放的贷款比例显著增加，农村资金互助社农户贷款的比例也在不断提高。但是，现阶段我国农村金融服务水平还远远没有达到我国农村经济社会发展的要求，更难以满足实现农村小康社会奋斗目标的要求。这就需要积极探索适合我国农村经济社会发展的金融制度、金融组织结构以及金融服务体系，不断整合农村信贷资金的使用效率，通过提高农户信贷资金需求和运用提高农户生产效率和农村居民的收入水平。

我国农村经济社会的发展使得农户对金融机构的产品和服务的要求在不断地发生变化，农户对金融服务的需求在不断地增加。农户的金融需求既有传统的存款业务，也包括贷款、汇兑以及保险等。贷款业务中农户信贷资金的用途也在发生变化，既有教育、住房、养老方面的信贷需求，也有保险、理财等产品的需求。信贷资金用途的多元化促使农村金融产品和服务与时俱进，使金融资源的合理配置能更加有效地促进农村经济社会的发展。农户对金融机构的信贷需求意愿和信贷行为会影响到农业生产的要素投入从而影响产出最终影响收入水平。反过来，农户的收入水平又会影响农村金融机构的储蓄水平以及金融业务的开展，进而关系到金融机构的有效运转。因此，农村金融服务水平既关系到农村金融机构自身的可持续发展，也关系到农户收入水平的提高，还会影响到农村生产力水平以及农业产业结构的调整。

大多数发展中国家的信贷资金的来源主要有两种：一种是以农村信用社（农村商业银行）等金融机构发放的正规信贷，另一种是亲戚朋友为主发放的民间[①]信贷（Kumar et al.，2012；Turvey and Kong，2010；韩俊等，2007）。本书选择正规信贷为研究对象，主要基于以下考虑：第一，我国广大农村居民对金融机构有较强烈的信贷需求，但农户的信贷需求往往很难从正规金融机构得到满足（尹学群等，2011），这才促使农户转向民间信贷。或者说，民间信贷的发生是因为农村正规信贷发展的不完善形成的诱致性制度变迁，农村正规信贷市场失灵迫使农户向民间信贷渠道获取资金（杨汝岱等，2011）；第二，民间信贷提供的借贷期限往往是短期性和小额性的，农村范围内的这种短期的小额借贷市场的运行效果也非常显著。但是，当农户需要的借贷金额较大且借贷时间较长时，亲友间进行的道义借贷行为往往很难发生，这就需要正规金融机构的正规信贷的支持。因此，农村正规信贷也是农户非常期待的融资渠道（韩俊等，2007；黄祖辉等，2009；吴国宝、焦瑾璞等，2013）。第三，民间的亲情、友情借贷存在“欠人情”以及不（少）支付利息的机会成本，越来越多的人倾向支付利息从正规金融机构获得资金支持。因此，在我国当前的农村经济社会发展中，农村金融服务和金融产品的资金来源的战略核心仍然是农村信

① 很多学者按信贷资金的来源将信贷资金分为正规信贷与非正规信贷，本书统一将其分为正规信贷与民间信贷。

用社/农商行等金融机构提供的正规信贷（陈东等，2013）。

当前农村金融市场面临的最主要的任务，不仅要满足有信贷需求的农户能够从金融机构获得相应的信贷资金，还要针对农村经济社会发展条件下农户信贷需求的不断变化对农村金融机构发展提出的新挑战。发展中国家农户受到信贷约束的现象相当普遍，而信贷约束又是影响发展中国家贫困农户提高收入水平和生活水平的关键要素之一。从国外经验来看，亚洲和拉丁美洲国家的农场中，获得信贷资金的比例仅仅是15%，非洲国家农户获得正规信贷的比例仅仅是5%。国外发展中国家获得金融机构贷款的农户结构为：5%的贷款申请人得到了全部贷款总额的80%，而经济状况更差的农户受到的信贷约束更加严重（Woutersen Tiemen，Shahidur R. Khandker，2013；Alvaro Reyes，Robert Lensink et al.，2012；Ahlin C.，2010）。尽管我国农户贷款数量总体上不断改善，但贫困地区的农户仍然面临着严重的信贷约束（鞠荣华等，2014；王书华等，2014；李庆海、李锐、汪三贵，2012；黄祖辉、刘西川，2009；陈锡文，2004 等）。我国大部分省份存在比较严重的城乡金融排斥的二元性，共有 24 个省份的金融排斥二元性的程度高于全国平均水平（田霖，2011）。从供求两个角度看，农户不仅受到供给型信贷约束，而且受到需求型的自我信贷约束。农户受到的信贷约束有三种最主要的方式，分别为数量约束、交易成本约束与风险约束，分别占信贷约束样本农户总数的 11.46%、22.68%和 12.20%（刘西川和程恩江，2009）。银监会官方网站得到的我国农村金融机构网点的分布状况并不乐观：截至 2008 年末，没有或只有一个金融机构网点的乡镇共有 11 885 个，占全国总乡镇数的 39%，从金融机构获得贷款的农户占全国农户总数的比例是 28%。2007 年江西省每个乡镇平均分布网点数（家）为 4.61，远远低于全国 6.56 的平均水平（王修华，2009）。朱熹、李子奈（2006）的研究结果表明我国农户受到严重的信贷约束，一半以上的农户具有正规信贷的有效需求，但无法从金融机构得到贷款。这就表明，信贷约束是阻碍农村经济增长和农村居民生活水平提高的一个关键因素。

然而，也有不少学者并不认同我国农户受到严重的信贷约束。这是因为有的农户本身的信贷需求不足（韩俊等，2007；张杰，2004；朱守银等，2003），或者认为我国农户信贷约束的程度极低，研究表明，申请贷款的农户当中，获得了授信额度的农户的比例达到了 95%，受到完全信贷约束的农户的比例不到 5%，受到部分信贷约束的农户的比例只有 8%（李岩等，2013）。当前的农村金融体系能够基本满足农户的信贷需求，农户并没有受到严格的信贷约束，农户融资难的问题更主要的原因在于农户的信贷需求不是很高，而农户信贷需求不高的主要原因是农户的收入水平不高以及农户缺乏投资机会等（钟春平等，2010）。

那么，我国一系列的农村金融政策实施后金融环境有所改善的大背景下，不同农户对正规信贷和民间信贷的需求是不是一样的？农户信贷需求的额度和总体规模有多大？哪些农户受到信贷约束？农户信贷约束对农民生产以及收入产生了多大的效应？影响农户从金融机构获得贷款的关键因素有哪些？现有文献对以上问题上仍存在许多争议。

江西省是农业大省，经济发展水平以及农民的收入水平在全国的排名一直比较落后。1952年江西省的国内生产总值在全国的排名为第14位，2011年下降到全国第20位；2007年江西省人均国内生产总值在全国的排名是第24位，2011年下降到第27位。2011年江西省金融机构的存贷比是64.43%，低于全国68.41%的平均水平。从各项存款余额及各项贷款余额来看，江西省各项存款余额及各项贷款余额占全国各项存款及各项贷款余额的比例自1995年以来不断下降，近十年来贷款余额占比一直维持在1.5%左右的低水平，远低于全国平均水平（赖娟，2013）。然而，江西省正规金融机构贷款的目标客户数量是非常巨大的。2010年江西省农村信用联社对482万农户进行的调查结果显示，共350万农户有金融机构的信贷需求，占全省常住农户的58.92%（350万/594万），有信贷需求且能够得到贷款的农户数为286万，占常住农户的48.15%。截至2012年底，江西省共有农户860万户，共有369万农户有信贷需求。从2010年至2012年，从江西省农村信用社得到贷款的农户数量分别是228万户、274万户和266万户；这三年的授信总额分别为230亿元、371亿元和368亿元（高小琼，2013）。

2012年6月28日发布的《国务院关于支持赣南等原中央苏区振兴发展的若干意见》中指出，原中央苏区特别是赣南地区的经济发展水平仍然非常落后，民生问题非常突出，贫困落后的面貌需要得到根本改变。党的十八大报告明确要求“加大对革命老区、贫困地区扶持力度”、“深化金融体制改革、完善金融监管、推进金融创新”、“要加大统筹城乡发展力度，增强农村发展活力，逐步缩小城乡差距，促进城乡共同繁荣”。

因此，在当前的现实依据和政策支持的背景下，本书以江西省作为农户信贷约束问题研究的样本选择点，在甄别这些地区农户信贷约束的基础上，测算信贷约束对农户收入的影响效应，考察农户信贷约束的影响因素，最后根据相关研究内容提出缓解农户信贷约束的政策建议。农户信贷约束问题的系统研究对推动我国农村金融发展、促进我国农村地区经济社会的全面发展以及农村地区全面建成小康社会等都具有一定的借鉴和指导意义。

1.2 研究目的、内容和意义

1.2.1 研究目的

“三农”问题的解决以及城乡一体化发展的内在要求都需要充分认识到信贷资金在农村经济社会发展中所起的重要作用。本书的总目标希望社会各界形成一个认识，即：信贷资源在城乡之间的合理配置是统筹我国城乡发展的重要条件和方式，当前我国农户受到信贷约束，信贷约束影响了农户的福利水平，因此应该全面分析农户受到信贷约束的因素并积极探索农户信贷约束的缓解途径。要达到这个总目标就必须找到减轻农户信贷约束程度的科学依据，具体的研究目标主要有以下几个方面：

（1）明确农户的正规信贷需求并有效甄别农户正规信贷约束

通过江西省农户的抽样调查数据分析农户对金融机构的信贷需求，明确农户生产、消费支出的资金来源，全面了解农户生产、消费行为对金融机构信贷资金的需求情况以及农户从金融机构获得信贷资金的充分信息，进而甄别农户受到的不同信贷约束的类型。

（2）测算信贷约束对农户的福利效应

把信贷约束对农户收入的福利效应通过三个方面来衡量。用分位数回归估计信贷约束对农户种植业收入的影响效应，再利用随机前沿生产函数分析农户的不同投入产出，对比受到信贷约束和没有受到信贷约束的农户的生产效率，揭示不同的资本投入对农业生产效率的影响；最后用工具变量模型论证信贷约束对农户消费支出的影响。

（3）探索农户信贷约束的影响因素

基于对样本农户信贷约束的甄别，分析样本地区农户信贷约束的形成机理，并提出研究假设，采用 Probit 模型从农户禀赋、农户金融意识和农户信贷交易成本三个方面研究农户信贷约束的影响因素，并对其做出合理解释，为缓解农户信贷约束提供支持。

（4）提出缓解农户信贷约束的政策建议

在甄别样本地区农户信贷约束程度、信贷约束对农户收入的影响效应和农户信贷约束影响因素并借鉴国外缓解农户信贷约束经验的基础上，提出缓解农户信贷约束的政策建议。

1.2.2 研究内容

提高农户的收入水平是解决我国“三农”问题的关键，这不仅是完善我国农村金融建设的重要内容，也是建立社会主义市场经济的要求。如何甄别农村信贷约束并探索其形成机理、影响因素和缓解途径，是构建既符合我国农村经济社会发展的普惠金融体系的内在要求。本书在分析相关理论和文献的基础上，运用金融学、西方经济学、制度经济学和管理学的相关理论，系统研究农户信贷约束问题，具体研究内容简要概括如下：

第 1 章为绪论。交代本书的研究背景、研究目的、研究内容和研究意义；对国内外相关著作和论文进行文献综述；再根据主要研究内容提出论文的研究思路、研究方法以及技术路线。

第 2 章是相关概念界定及理论基础。本章包括两部分内容：一是对文章所涉及的主要概念进行界定；二是回顾并分析金融抑制和金融深化理论、信贷约束理论、不完全竞争市场理论及在此理论上发展出的微型金融理论，探寻论文写作的理论基础和启示。

第 3 章有效甄别农户的信贷约束。根据研究目标和研究内容设计好调研问卷进行调研，并交代调研地区、调研方法、调研内容等。对调研数据进行统计分析，重点内容是根据调查数据分析农户的借贷行为，揭示农户信贷约束状况，这既是文章的一个内容，又是后续相关内容得以进行的前提和基础。

第 4 章研究信贷约束对农户种植业收入的影响。基于调研所得的截面数据使用分位数回归方法对信贷约束与农户收入之间的关系进行实证分析。

第 5 章研究信贷约束对农户生产效率的影响。从农户生产效率的视角分析信贷约束对农户福利的影响效应。通过对比受到信贷约束和没有受到信贷约束的样本农户由于资金投入的差别导致的生产效率的区别，揭示信贷约束对农户生产效率的影响。

第 6 章研究信贷约束对农户消费支出的影响。基于消费视角，用工具变量模型实证研究信贷约束对农户福利的福利效应。选用农户与金融机构的最小距离以及农户是否有政治参与作为信贷约束的工具变量，分别用其中一个变量和同时用这两个变量作为工具变量建立了三个模型进行 2SLS 回归，考察信贷约束对农户消费支出的影响。

第 7 章分析政治参与和金融参与对农户信贷约束的影响效应。分析相比没有任何政治参与行为的农户，有政治参与活动的农户受到信贷约束的概率的高低。再分析相比没有办理银行卡业务的农户，能运用银行卡办理相关业务的农户受到信贷约束的概率水平。

第 8 章分析金融意识和信贷交易成本对农户信贷约束的影响效应。采用“农户的负责人是否拥有金融机构的银行卡”和“农户家庭成员每月在金融机构存款的次数”作为金融意识的代理变量，采用“农户与金融机构的距离”作为农户信贷交易成本的代理变量，考察金融意识和信贷交易成本对农户信贷约束的影响。

第 9 章探索缓解农户信贷约束的路径选择。从提高农户金融意识和改善农户健康状况等方面提出缓解农户信贷约束的政策建议；从农户信贷交易成本的角度分析降低交易费用缓解农户信贷约束的途径；再从微型金融理论和实践分析的基础上，提出发展微型金融缓解农户信贷约束的政策建议。

第 10 章研究结论与展望。概括本书的研究结论，在分析本书的不足之处后提出后续研究方向。

1.2.3 研究意义

选择江西省北部、中部和南部作为调研区域，研究信贷约束对农户收入的影响效应、影响因素和缓解机制具有以下理论和现实意义。理论意义主要体现在：

（1）信贷约束对农户福利效应的研究，能拓宽农村金融的研究范围，丰富农村金融的研究视角，对金融理论的深化具有重要的意义。

（2）对农户信贷约束的系统研究可以为我国乡村振兴战略的实施和普惠金融的发展提供理论支持。

实践意义主要表现在以下三个方面：

（1）对农户而言，信贷约束的缓解能优化生产要素的投入比例，从而提高生产效率，增加收入，促进农户消费，提高农户生活质量。

（2）对农村金融机构而言，在充分了解农户的信贷需求的基础上，充分开发农村金融市场，提供适合农户生产生活需求的信贷产品和服务，能促进自身经济利润的增长，面向贫困农户提供的金融产品能充分发挥金融机构的扶贫功能，从而使金融机构实现经济效益和社会效益双丰收的双重目标。

（3）对政府而言，通过对该问题的系统研究，能更全面深刻地理解农户信贷约束问题及产生的真正原因，使相关部门能够更准确地认识到下一步农村金融改革的目标，制定合适的金融政策，促进金融机构改进和创新信贷产品和服务，使农村普惠金融体系建设的政策更具有指导性和方向性。

1.3 国内外研究动态综述

1.3.1 国内外研究动态综述

1.3.1.1 关于农户信贷需求研究

(1) 信贷需求及分类

信贷是资金的供给主体向需求主体的资金使用价值的单方面有条件的让渡行为。从资金来源看，信贷有正规信贷和民间信贷之分。正规信贷是指经中央银行批准，受到国家法律法规保护和金融当局监管的资金借贷活动；民间信贷是指不受国家法律法规保护，处于金融当局监管之外的资金借贷活动。农村正规信贷是指农村信贷市场中的金融机构的资金信贷行为，农村民间信贷是指农村信贷市场中除银行等正规金融机构以外的资金借贷行为。

(2) 信贷资金的用途及作用

我国中等发达地区和欠发达地区的金融需求分别表现为农业生产需求和农户生活需求（张杰，2007）。一般认为，发展中国家贫困地区农户对正规信贷的需求以生产性用途为主，而对民间信贷的需求以消费性用途为主。林毅夫（2000）认为农户从正规金融机构获得的贷款主要用于生产，大多数非生产性项目的大额支出主要从非正式部门获得。对浙江省和宁夏回族自治区的农户调查后发现农户获得的大多数贷款往往都投入农业生产，而不是用于消费（何广文、李莉莉，2005）。但是，农户的信贷需求会随着经济结构的快速变化而不断改变。不同收入水平的农户的信贷需求、不同地区农户的信贷需求都是不一样的（刘西川，2007）。史清华和陈凯（2002）、温铁军（2001）、何广文（1999）、张元红（1999）等学者的研究结果表明农户向金融机构进行借贷行为的重要原因是为了扩大消费支出，农户借贷资金用来消费的比例要大于用于生产的比例。朱守银、张照新和张海阳（2003）的研究也表明农户信贷需求以消费性为主，其中绝大比例的贷款都用于建造房子和婚丧嫁娶。黄祖辉、刘西川和程恩江（2007）认为大部分农户对正规和民间信贷需求均以消费性为主。因此，不同农村经济主体有不同的金融需求，金融供给必须遵循农村各层次资金需求的特点（刘锡良，2006）。在我国当前的农村金融市场中，农户对金融机构的信贷行为及特征对其收入水平和消费水平都会产生正向影响，金融机构增加农户信贷资金的供给能提高农户生产效率，最终增加农户的收入水平，从而促进农村地区的经济发展。农户收入水平的提高又会直接影响农户的消费意愿和消费支出。因此，在一定程度上，农户信贷能扩大内需。农业的生产性信贷水平不仅能促进农村经济增长，还能提高农户的收入水平和消费支出，而消费型信贷水平与农户平均消费水平负相关（尹学群等，2011）。

（3）国内有关农户信贷需求研究方法的文献也非常丰富

在问卷中设置科学的问题再对调查问卷进行统计分析是考察农户是否有信贷需求以及农户需求是否得到满足的最直接和最根本的方法。汪三贵等（2001）在调查问卷中设置的问题是"如果不要求抵押和担保，在当时的利率水平下，农户是否愿意向信用社借款"。韩俊、罗丹和程郁（2007）设置的问题是"2001—2004年您是否有借款需要"以及"这段时间是否有过借贷行为"等。在计量方法的选择上，国内学者（如韩俊，罗丹和程郁，2007；李锐和李宁辉，2006；汪三贵等，2001等）大多采用二元离散选择模型研究农户信贷需求及其影响因素。何广文和李莉莉（2005）根据2003年在浙江与宁夏两地对农户抽样调查得到的样本数据，分析了总样本和各省分样本农户的信贷需求状况。周小斌等（2004）根据国家统计局在河南省、贵州省和辽宁省抽样调查的相关数据，分析了农户对金融机构的信贷需求及特征。韩俊等（2007）利用2005年国务院发展研究中心农村经济研究部组织的全国农村金融调查数据，先用Probit模型估算了面板数据的随机效应，再使用差分模型和Tobit模型考察农户对金融机构的信贷需求特征和信贷决策行为，研究结果发现利率并不是农户对金融机构进行借贷要考虑的主要因素，农户的总体收入水平、农户的生产经营特征和农户的家庭特征是影响其对金融机构发生借贷行为的决定因素。

1.3.1.2　关于信贷约束的研究

（1）信贷约束的衡量方法

大多学者用信贷可获性/可得性来衡量信贷约束（贺媛等，2013；易小兰，2012；王定祥等，2011；孔荣，2010等）。陈健等（2012）基于面板门槛模型用两种思路对门槛变量信贷约束进行了度量：其一，采用Bayoumi（1993）、Sarno和Taylor（1998）等类似的代理变量，如贷款收入比等来考察。其含义是：贷款收入比越大，信贷约束程度越小。具体的两种指标为：①人均贷款余额除以个人可支配收入的比值；②新增抵押贷款占GDP的比重。其二，根据推论1，采用人均储蓄代理自由支配收入，自由支配收入越高，信贷约束程度越小。赵建梅和刘玲玲（2013）认为申请金融机构贷款的过程中，如果农户不能满足金融机构关于贷款抵押或担保的条件，或因为距离金融机构较远、申贷过程繁琐，或等待放款时间过长等原因自愿放弃获得贷款的机会，就认为这些农户因为金融机构的交易成本而受到信贷约束。风险约束指因农村金融不完善的信贷配给制度与农户的风险规避行为相结合，使部分农户因害怕风险自愿放弃正规金融的融资机会。陈博天和夏田（2013）基于偏好理论的甄别机制来判断样本农户是否受到正规信贷约束：如果因为“怕催债”、“没有能力偿还”等原因在过去一年没有向正规金融机构申请贷款，或者虽然农户在过去一年申请了贷款，但是因为“申请了却被拒绝”或者“实际贷款数额小于申请贷款数额”就认定为受到正规金融机构的信贷约束；如果农户在过去的一年向金融机构申请了贷款且得到的贷款金额等于申请金额，或者根本就不需要金融机构的贷款而没有提出贷款申请，那么被视为没有受到正规金融机构的信贷约束。也有学者（如张亮，2013）用不同经济部门信贷比重来表示地区信贷约束状况。

（2）农户信贷约束的实证研究

发展中国家农村信贷资金的配置效率非常低，农户不仅受到信贷约束而且信贷约束的程度普遍比较严重，与其他发展中国家相比，我国农村信贷约束比较严重（王定祥等，2011）。大多数需要贷款的农户没有得到任何贷款，绝大部分已经得到贷款的农户也面临严重的数量配给，从正规渠道得到的贷款仅占其有效需求额度的43.1%（焦瑾璞，2013）。李庆海等（2012）采用2003—2009年1 000个样本农户的调查数据，利用Biprobit模型和含有虚拟变量的线性回归模型进行估计，研究结果表明，样本农户中64.5%受到正规信贷约束，其中54.0%的农户受到完全数量的信贷约束，10.5%的农户受到部分数量的信贷约束；信贷约束导致农户净收入减少18.5%，导致农户消费支出减少了20.8%。对调查样本的数据分析和模型的实证检验都说明我国农户的确受到正规金融机构的信贷约束（王书华等，2014）。李岩等（2013）研究结果表明，农户受到很低的信贷约束，95%申请了贷款的农户能获得金融机构的授信额度，受到完全信贷约束的农户的比例不足5%，受到部分信贷约束的农户为8%，没有贷款需求的农户的比例在50%以上，没有申请贷款的农户往往是相对贫穷的农户。信贷约束程度受到收入水平的影响，贫穷农户受到完全信贷约束，相对富裕的农户受到部分信贷约束。张龙耀（2010）衡量农户信贷约束的方法是根据农户信贷需求和供给的差额，研究结果表明受到信贷约束的农户的比例是28.49%。刘西川等（2009）分析了农户数量约束、交易成本约束与风险约束等三种信贷约束的形式，通过对4个贫困县农户的调查研究发现，样本农户不仅受到供给型信贷约束，而且还受到需求型信贷约束。受到数量约束、交易成本约束与风险约束的农户占样本农户总数的比例分别为11.46%、22.68%和12.20%。李锐和朱喜（2007）在分析3 000个样本农户的基础上，认为农户信贷约束有两种情况：一是农户有信贷需求，但不能从金融机构得到任何贷款，信贷需求完全不能得到满足；二是农户有信贷需求，但只能从金融机构得到部分款项，农户的信贷需求能够得到部分满足，该论文用Biprobit模型得到的估计结果表明，农户受到数量约束的比例为70.92%。韩俊等（2007）通过实证分析发现，我国农户受到的信贷约束分为供给型信贷约束和需求型信贷约束，受到信贷约束的农户的比例为33.72%，其中受到需求型信贷约束的农户的比例为17.13%，受到供给型约束的农户的比例为18.14%。陈锡文（2004）的研究结果表明，我国共有2.4亿个农户，从金融机构得到贷款的农户的比例大约为15%，85%左右的农户都是通过民间借贷解决资金短缺问题。国家统计局农调队对农村固定观察点的调查表明，2000—2003年农户从金融机构申请贷得的资金仅占借入资金总额的比例是25%。朱守银等（2003）调研了安徽亳州和阜阳6个县的18个村的217个农户，结果发现，农户期间总共获得了524笔借款，有84笔来自农村信用社，比例为16%，有414笔来自民间借贷，占79%，从借贷资金量来看，15%的借贷资金来自农村信用社，近80%的借贷资金来自民间借贷。

1.3.1.3 关于信贷约束影响效应的研究

（1）信贷约束对农村居民消费的影响效应

金融发展理论认为，如果农村金融市场得到良好发展，农户就能够获得信贷支持，农民的预防性储蓄就会相应减少，从而就会促进消费。但是，如果农户受到信贷约束，要提高其消费水平就要透支预防性储蓄，否则不能平滑当期消费。陈东等（2013）建立数理模型分析了不同类型农村信贷对农村居民消费支出的影响，无论从长期还是短期来看，消费性信贷在提振消费方面均比生产经营性信贷具有更强的作用。这就意味着，投放尽可能多的消费性信贷额度，发挥其提升消费的直接效应，是刺激农村消费市场的更优选择。胡帮勇等（2011）根据中国1979—2009年的时间序列数据，基于协整分析、格兰杰因果检验和脉冲响应函数实证研究了农民的消费支出与金融深化之间的关系，其研究结论是：农户消费支出主要受到农户可支配收入的影响，农户的可支配收入与农户的消费支出正相关；金融规模显著影响农户消费水平，但存在一定的滞后效应；提高农村金融效率并不能显著扩大农民的消费水平，对农户消费支出的影响程度要低于金融规模对农民消费支出水平的影响程度。

近年来，国家不断加大对农户生产性贷款的支持力度，但农户消费性贷款服务相对滞后，原因在于农户贷款信息的不对称、农户收入的不确定性以及农户缺乏抵押品等，金融机构对农户的消费性贷款的“惜贷”行为仍然普遍存在。对于收入不确定又没有一定储蓄的农户来说，如果不能得到金融机构的贷款，就只能通过亲情友情借款或者其他方式解决资金短缺问题（朱信凯和刘刚，2009）。也有学者发现信贷约束对农户消费结构的影响是间接的。董志勇和黄迈（2010）采用“花旗-北大 2009 年农村金融调查”数据考察信贷约束对农户消费结构的影响，研究结果发现信贷约束并不显著影响农户的消费结构，广义信贷约束显著负向影响农户消费结构，该研究结论表明，健全农村金融市场、完善农村信用环境是扩大农村内需的政策前提；培育并扶持农村民间金融市场，大力发展农村消费信贷可作为扩大农村内需政策的重要选择路径。

也有不少研究发现信贷约束对必需性消费的影响不大，但对改善性消费的支出有一定影响。受到信贷约束的农户会减少改善性消费的支出，或者转向民间金融渠道获得一定资金，从而保证基本生活消费水平。金融机构发放的农户贷款的用途主要是生产性，这一比例高达 60%，农户大多通过民间渠道满足其消费性融资需求，亲情友情借贷在民间借贷的比例非常高，达到 96.8%（韩俊等，2007）。尹学群等（2011）定性分析了农户信贷对农村经济的影响，并应用 2000—2008 年全国统计数据实证考查农户信贷对农村经济增长、农村居民消费的影响。研究结果表明，农户生产性信贷显著正向影响农村经济增长、农户收入、农户消费支出，而消费型信贷负向影响农户平均消费水平。

（2）信贷约束对农村居民生产的影响效应

农户正规信贷是否对农业劳动生产率具有显著影响的研究结果可能有助于农民优化农业生产要素的投入。但是目前学术界对这个问题的研究结论并不一致，有的学者认为农村金融市场的发展能够优化农业生产要素的配置从而影响农业生产效率，农户受到信贷约束对其农业生产具有负向影响（Carter and Olinto，2003；Petrick，2004），与农业产出也显著负相关（Feder et al.，1990；Petrick，2004）。信贷约束与农业生产利润水平同样负相关（Carter，1989；Foltz，2004；Fletschner et al.，2010），得到的研究结论是农户面临的信贷约束严重影响了农业劳动生产率的提高（Guirkinger and Boucher，

2008)。相反，也有学者认为农村金融的发展使得信贷资源的优化配置不一定要用于农户，其他方面如农业基础设施建设等同样需要资金，信贷资源对农业生产的投入比例过高会对农业基础设施建设产生“挤出效应”，因此，农户面临的信贷约束与农业生产效率没有直接影响（Kochar，1997）。

（3）信贷约束对农户收入的影响效应

Pischke（2002）指出为农户提供的微型金融的创新在于其贷款以现金流为基础，为提高农户收入提供了可能性。Morduch（2002）认为尽管许多研究的质量尚待改进，但大量的证据正在证明针对农户的小额信贷具有增加农户收入的效果。Remenyi（2000）发现相比受到信贷约束的农户，没有受到信贷约束的农户的家庭收入明显更高。得到金融机构的贷款后，12.9%的印度尼西亚农户的年均收入得以增加，而没有得到金融机构贷款的农户收入提高的比例只有 3%。得到金融机构贷款后，46%的农户的收入水平都提高了。Elizabeth Littlefield（2003）指出，金融机构的贷款能增加贫困者的收入水平，金融机构的信贷支持是农户摆脱贫困和饥饿的基本途径。

1.3.1.4　关于信贷约束影响因素的研究

信息不对称、缺乏合适的抵押物和高交易成本是农户受到信贷约束的重要因素（Stiglitz and Weiss，1981）。Morduch J.（2000）认为农户受到的农业生产的脆弱性约束、农产品营运约束、自身管理的能力约束和政治法律约束会影响农户正规信贷的可获性，农户信贷约束的影响因素具体表现在农业生产的季节性、农业生产的风险性、农户信贷的交易成本和抵押物的缺乏、农产品分散化的需求以及农村虚弱的制度能力等。Besley 和 Coate（1994）认为农户受到信贷约束的原因在于农户缺少抵押物，不能得到农村金融市场辅助性机构的有力支持，这些因素使得农户信贷合同的执行变得非常困难。Ahlin C. Lin. 和 Maio M.（2010）则认为农业生产的季节性导致农户对信贷资金的需求与金融机构信贷资金的供给难以产生信贷交易在时间上的一致性，从而增加了农户信贷市场的协同风险。

信贷约束与农户收入水平存在着相互影响的动态作用机制：农户从金融机构获得贷款的额度和机会均与其收入水平密切相关，高收入农户在机会和额度上均优于低收入农户（王书华等，2014）。农户对信贷风险的态度与信贷约束呈显著的正向关系，农户规避风险的意识越强，其需求型信贷约束越强烈（庞新军、冉光和，2014）。在其他条件不变的情况下，信用评级对农户急需资金时最愿意选择的融资渠道和创业时最愿意选择的融资渠道有不同的影响，信用评级后的农户更愿意从农村信用社融资，这意味着农户信用制度建设在解决农户融资难问题上有积极作用；其他条件不变时，信用评级对农户创业有正向影响；正规和民间金融在满足农户融资需求的功能上具有替代性（张三丰等，2013）。孙颖、林万龙（2013）基于CHIPS 2002年的农户调查数据，通过联立方程模型，考察并比较了社会资本对农户正规融资和民间融资的影响，以及社会资本的作用如何随着市场化的进程而发生变化。研究发现，加入合作组织的农户更容易获得正规信贷，而社会网络更有助于农户获得民间借贷资金；户主的干部身份和党员身份对其获得民间融资影响较大；社会资本对农民融资的影响会随着市场化进程而有不同程度的减弱。易小兰（2012）的结果表明，农户对金融机构信贷政策的了解和认知、农户的生产性支出和农户住房与耐用消费品总折价对农户正规借贷需求有正向影响，而家庭总收入对农户正规信贷需求则有负向影响；家庭生产性固定资产总折价和家庭总收入对农户正规贷款可获性有正向影响，而贷款规模对农户正规贷款可获性有负向影响。秦建群等（2011）研究发现，农户的家庭特征、经济特征以及金融生态环境对高收入与低收入农户信贷渠道的选择行为有着不同的影响。马晓青等（2012）的研究发现，户主年龄、承包土地面积、家庭人均资产与农户对民间融资渠道的偏好正相关；农户人均收入与正规融资渠道的偏好正相关；加入合作社的农户偏好于正规信贷。丁志国等（2011）的研究表明，农户的融资选择次序为民间借贷、正规信贷、既有民间借贷又有正规信贷；农户人均土地面积、农户成员学历、农户人均住房面积、工资性收入、教育支出、生活支出与获得银行贷款的概率正相关；而农户的种植业收入越高与正规信贷可获性是负相关关系。孔荣等（2010）对农户的实证研究表明，农户的文化程度、家庭年收入水平、是否购买农业保险、农信社的信任水平以及农户违约后内疚程度对正规信贷可得性有显著的正效应；农户的负债水平、风险偏好以及是否违约对正规信贷可得性存在显著的负效应。

1.3.1.5 关于缓解农户信贷约束政策建议的研究

农户信贷约束缓解途径的研究。正规信贷与保险互联能有效改善农户的信贷约束，能显著提高农户的农业收入，也可以有效降低政策性农业保险保费补贴的财政压力（张建军、许承明，2013）。供应链内部融资规模与银行信用之间的替代程度达到61.04%，说明供应链内部融资是一条拓宽农户信贷可获性的路径，可以显著缓解农户受到的信贷约束（贺群等，2013）。陈鹏、刘锡良（2011）的研究表明，中国农户外出务工获得的收入在一定程度上满足了农户的借贷需求；民间亲情借贷资金的获取也在一定程度上缓解了农户对金融机构的贷款需求，东部和中部相对发达地区较偏向民间互助性借贷；中国农户融资显著偏向内源融资，农户对金融机构和民间借贷融资偏好没有显著差别。张琦和唐红涛（2013）运用调查问卷数据进行统计分析，发现与集群外农户相比，共生机制赋予集合内农户更高的融资可得性和效率性，但存在一定的边界约束，只有在最优边界点上，农户集合融资才能达到最优融资效率和系统效用。

国内外基于微型金融理论发展小额信贷缓解农户信贷约束、创新农村金融市场的相关研究。自从微型金融在孟加拉国取得巨大成功以来，关于微型金融发展模式的研究就从没间断过，微型金融的主题是“建立普惠性的经济部门以实现千年发展目标”。为低收入人群提供信贷支持的微型金融已经成为全世界范围内广受欢迎的金融工具（陈军和曹远征，2008），其本质是普惠金融理念的具体实践，是现有金融体系的一种融资矫正与补偿机制，从而能够分享普惠金融的福利（陈鸿祥，2011）。微型金融的发展为更多的人提供金融服务，使农户从生产经营中内生出来并进行有效监督，能显著改善农村融资条件（洪正，2011）。实践证明，这是一种向农村贫困地区和人群提供金融服务的有效方式，不仅是金融业务的创新，更是金融制度的创新（杜晓山，2006）。

用微型金融理论对农村信贷市场创新进行界定和绩效分析的文献也相当丰富。约纳森·莫达奇（1998）的研究表明，要维持金融机构的基本运作，就必须提高其经营收入，要用信贷业务的不断创新保持金融机构经济的可持续性。可持续发展是微型金融机构的一个经营目标，要达到这个目标就不能仅仅依靠国家财政补贴政策的实施，最主要的是提高金融机构的经营性收入，否则微型金融机构难以可持续发展（Ayayi 和 Sene，2010）。持类似观点的学者非常多，如 Morduch（1999）认为像格莱珉这样的已经获得巨大成功的金融机构要维持可持续发展也要获得国家补贴，否则其扶贫的社会目标将很难得以实现。

在创业初始阶段微型金融机构可以而且能够获得国家补贴，而经营规模不断发展后，规模经济效率逐步显现，经营成本得以不断下降，那么在国家补贴不断减少的时候也能保证微型金融项目得以推广。能获得扶贫和自身可持续发展的双重目标的微型金融机构的经营业务都是最佳的，但是最佳经营业务又往往是难以确定的，所以微型金融机构必须积极扩大业务范围，必须明确能够支撑其可持续发展的经济基础，联保贷款可能是构成该经济基础的“最佳业务”。

1.3.2 国内外研究动态述评

国内外现有研究成果对信贷约束提出了较为明确的概念，构建了较为科学的分析维度，并且对信贷约束的影响因素、缓解措施等也进行了一定研究，为本研究提供了很好的基础。本书在研究过程中将充分学习借鉴已有的研究成果，并争取为深化信贷约束理论做出力所能及的努力。但通过综述现有文献，我们发现目前的研究还有以下几方面需要完善：

（1）在研究主体上，忽略了农户的异质性

农户分化在不断的动态发展，新型农业经营主体也在不断增加。已有的文献大多把农户作为一个整体来研究，没有充分考虑农户的异质性对农户借贷行为产生的影响，有些文献虽然考察了不同农户的借贷行为，但是没有解释不同农户不同借贷行为的深层次原因。

（2）在研究对象上，没有区分显性的和潜在的信贷需求和信贷约束

很多文献只强调农户显性的信贷需求和信贷约束，没有挖掘农户潜在的信贷需求，也就不能有效甄别农户潜在的信贷约束。其次，国内关于信贷约束的研究中对农村信贷约束的研究较多，但所采用的方法大同小异，所得出的结论也有一定的相似之处，重复性工作较多（比如，信贷约束的影响因素大多都是以家庭负责人的个体特征为解释变量），创新性工作较少，有必要进一步研究农户信贷约束。

（3）在研究视角上，偏重信贷供给

农村信贷市场的均衡需要从供给和需求两个视角加以研究，信贷约束不仅仅是供给方面的原因，还有需求方面的原因。但已有文献对农户信贷约束产生的原因及缓解措施等研究大多都是从供给方即农村金融机构的角度出发研究的，较少文献从需求的角度系统研究农户信贷约束的影响效应并提出缓解农户信贷约束的政策建议。充分了解不同农户的信贷需求和信贷约束，积极探索农户受到信贷约束的深层次原因，才能帮助金融机构开发出有针对性的信贷产品，从而有效缓解农户信贷约束。

1.4 研究思路和方法

1.4.1 研究思路

本书以经济学、金融学、管理学等相关学科为基础，在系统分析已有文

献、理论、研究成果的基础上，充分了解农户对金融机构的资金需求，进而甄别农户正规信贷约束。在甄别了农户的正规信贷约束后，探索信贷约束对农户福利的影响方向和影响程度：基于截面数据用分位数回归方法论证信贷约束对农户种植业收入的福利效应，基于农户生产效率和农户消费支出的视角考察信贷约束对农户福利的效应。农户的信贷约束影响农户生产的资金投入从而影响农业生产效率最终影响农户的收入水平；农户的信贷约束对其消费支出的作用方向和影响程度一定程度上也是信贷约束对农户收入的反映。再次，分析农户信贷约束的形成机理，判别哪些因素影响农户受到信贷约束；最后，在分析缓解信贷约束影响因素的基础上，探讨我国农户信贷约束的缓解路径，为农村金融市场的良好健康可持续发展从而促进农户增收提出相关政策建议。

1.4.2 研究方法

(1) 访问专家和部分农户

拜访或致电有关政府部门、高校与研究机构的专家学者，与部分农户进行直接交流，就农户向金融机构贷款的数量、用途和方式以及在还款中面临的主要问题进行全面了解和信息采集。

(2) 问卷调查

问卷调查分为预测调查和正式调查两个阶段进行。预测调查主要在于都、兴国、宁都、石城4个县进行，每个县选取3个乡镇，每个乡镇选取3个村，每个村选取3个农户，以考察问卷设计是否准确，农民回答问题是否便利、作答时间是否合理以及语言表述是否通俗易懂等。根据预测调查的检验结果对问卷进行完善，形成正式调查问卷。正式调查赣州市、抚州市和吉安市的34个县。

(3) 实证分析

运用分位数回归模型、状态空间模型、随机前沿生产函数模型、工具变量模型以及Probit模型等计量方法进行回归，建立农户信贷约束的影响效应及影响因素的计量模型，采用STATA 12进行数据处理。

具体研究方法如表1-1所示：

表1-1 主要研究内容和研究方法

内 容	方 法
农户信贷约束的有效甄别	问卷调查法、统计分析法
信贷约束对农户种植业收入的福利效应	分位数回归模型

（续）

内　容	方　法
信贷约束对农户生产效率的福利效应	随机前沿生产函数模型
信贷约束对农户消费支出的福利效应	工具变量模型
政治参与和金融参与对农户信贷约束的影响	Probit 模型
金融意识和信贷交易成本对农户信贷约束的影响	Probit 模型
农户信贷约束的缓解路径	定性分析法

1.4.3 技术路线

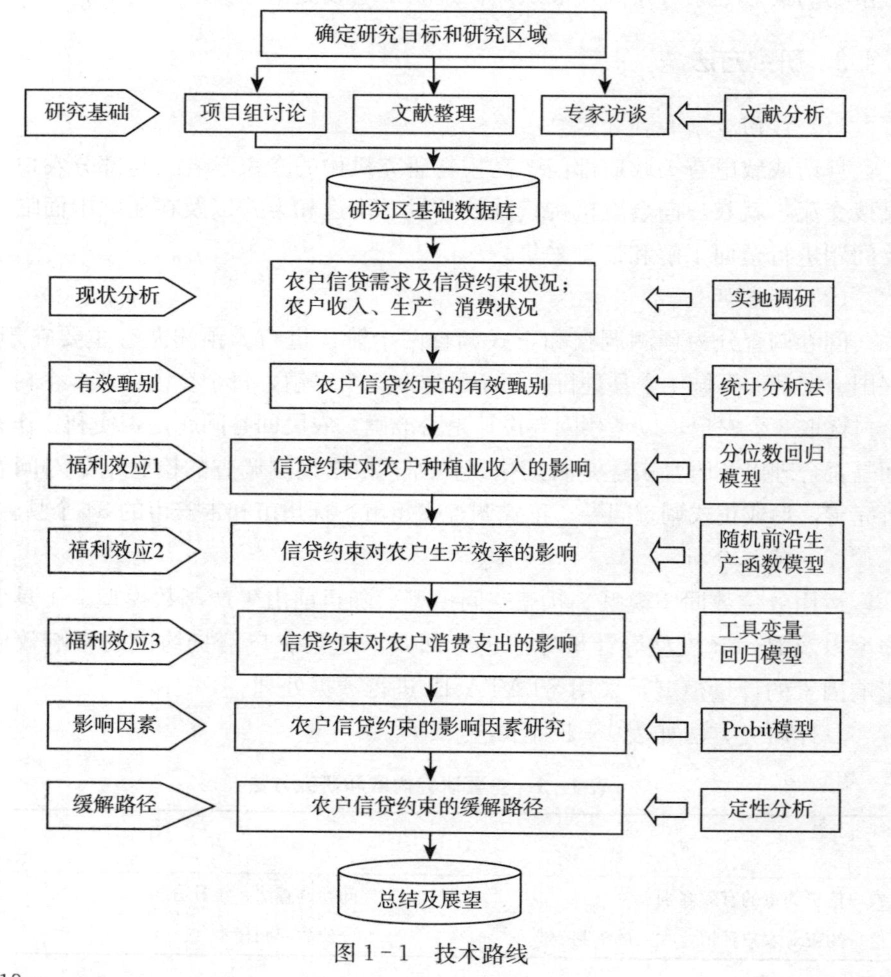

图 1－1　技术路线

1.5 可能的创新之处

(1) 研究对象方面

迄今为止笔者尚未发现对江西省农户信贷需求及信贷约束的系统性研究。本书不仅考察了农户显性的信贷需求，也考察农户潜在的信贷需求；不仅甄别了农户显性的信贷约束，还甄别农户潜在的信贷约束。还把农户的信贷约束分为供给型信贷约束和需求型信贷约束进行分析。

(2) 研究内容方面

把信贷约束对农户收入的影响效应通过直接影响和间接影响来衡量。用信贷约束对农户的种植业收入进行分位数回归计算直接效应，再用宏观的时间序列数据测算了农业贷款对农民人均纯收入的动态影响，作为信贷资金对农户收入影响的补充说明。并基于农户收入的不同衡量方法，用生产支出和消费支出衡量农户的收入水平，再用信贷约束对生产支出和消费支出进行回归，测算信贷约束对农户收入影响的间接效应。

(3) 研究方法方面

分位数回归测算了信贷约束对不同收入水平农户的不同影响，而不是传统的均值回归，该研究方法得到的研究结论能够针对不同收入水平的农户提出不同的政策建议。农业贷款对农民人均纯收入的影响采用的是状态空间模型，能够计算出各年的影响状况从而刻画出长期的动态影响机制。

第 2 章　相关概念界定及基础理论

2.1　主要概念界定

2.1.1　农户

农户是集经济与社会功能于一体的单位和组织，是农民生产、生活以及交往的基本组织单位，是以姻缘和血缘关系为纽带的社会生活组织。当前国内外学者对农户的理解有以下几种观点：一是根据家庭所处的地理位置来进行划分，即居住在农村的家庭（Rural Household），与农村家庭相对应的概念为城镇家庭。农户是指生活在农村的，依靠劳动力主要从事农业生产的，并且拥有剩余控制权的，经济生活和家庭关系紧密结合的多功能的社会组织单位（卜范达、韩喜平，2003）。二是根据家庭主要劳动力所从事的职业划分，即农户是以从事农业为主的家庭（Farming Households）。恰亚诺夫（1986）在关于小农经济的论述中指出，小农家庭农场在两个主要方面区别于资本主义企业：它依靠自身劳动力而不是雇用劳动力，它的产品主要满足家庭自身消费而不是市场上追求最大利润。这里的小农家庭农场实质上就是农户。三是根据家庭的政治地位或身份划分，即农户是不享受国家福利待遇，政治地位相对低下的家庭（Political or Status Household）（朱少洪，2010）。

由上可见，农户具有的十分丰富的内涵，概括起来可以理解为以下几个方面的含义：农户是从事农业为主的户、农户是居住在农村的户、农户是自给性很高的户、农户具有生产和消费的两重性质；农户是农村最基本的微观基础（翁贞林，2009）。本书研究的农户是一种区位农户，即农村住户（Rural Household）。

2.1.2　信贷

信贷分为广义的信贷和狭义的信贷。广义的信贷是指反映不同经济主体之间经济关系的借贷行为，以所有权与使用权相分离，以有条件让渡为特征的价值特殊运动形式。狭义的信贷是指金融机构以还本付息为条件向借款单位或个人单方面让渡资金使用价值的行为。本研究的信贷指狭义的信贷。因此，农户信贷是资金的供给主体向农户在资金使用价值的单方面有条件的让渡行为，是农户从资金供给主体获得有偿资金的行为。学术研究中常用的“信贷”概念倾向于从资金供给方看待问题，本书所采用“信贷”、“借款”与“借贷”概念的内涵、外延是基本一致的，可以相互替代使用。

正规信贷指经中央银行批准，受国家法律法规保护和金融当局监管的资金借贷活动；民间信贷是指不受国家法律法规保护和规范、处于金融当局监管之外的资金借贷活动。在农村信贷市场，正规信贷是指正规金融机构的资金借贷，民间信贷指除银行等正规金融机构以外的资金借贷。

无特别说明，本书所指的信贷均为正规信贷。通过对该问题的系统研究，积极探索缓解农户信贷约束、加快金融深化的途径和措施。

2.1.3　信贷约束

信贷约束是指借款者的信贷需求长期超过贷款者给予的贷款金额，且合约条件没有表现出要改变的倾向（黄祖辉、刘西川，2009；张龙耀，2010）。正规信贷约束是指农户对正规金融机构有贷款需求但并没有申请贷款或申请了贷款但并没有借到所申请的贷款额度（李锐等，2007）。根据信贷约束的来源，将其分为供给型和需求型信贷约束（Boucher，2005）。需求型信贷约束被细分为交易成本约束和风险约束。其中，交易成本约束指获得正规金融机构贷款的成本或代价，包括支付贷款利息、贷款申请必须履行的程序和获得贷款等待时间等。风险约束是指农户因害怕贷款合同中的各种风险，或担心贷款申请遭到拒绝等而放弃向正规金融机构融资的机会（赵建梅、刘玲玲，2013）。根据农户与正规金融机构的关系来甄别：包括家庭成员是否有农信社员、存款存放地是否在正规金融机构、以往借款来源是否来自正规金融机构，只要满足上述任意一个条件也会被视为受到“供给型信贷约束”（陈博天、夏田，2013）。

无特别说明，本书所论述的信贷约束都是指正规信贷约束。

2.2　基础理论分析

金融是现代经济的核心，金融理论的发展极大地促进了现代经济的发展。

二战后，老牌资本主义国家和新独立的国家在加快经济的发展，大多数国家经济发展都受到资金短缺的制约，要满足各行各业的发展就必须解决资金短缺的问题。因而，如何促进金融发展、提高金融运行效率从而促进经济发展就成为学者重点关注的问题。20 世纪 60 年代末至 70 年代初，雷蒙德·W. 戈德史密斯，格利和 E. S. 肖，罗纳德·麦金农等一些经济学家对金融与经济发展进行了开创性的研究工作，先后出版了以经济增长与金融发展关系为主要内容的著作，形成了金融发展理论。农村金融理论随着金融理论的发展而不断发展。农村金融发展是金融发展的重要组成部分，受金融发展理论及其政策主张的影响，农村金融理论也在实践的应用中不断地完善。

2.2.1 金融抑制和金融深化理论

1973 年，罗纳德·麦金农的《经济发展中的货币与资本》（Financial Deepening in Economic Development）和 E. S. 肖的《经济发展中的金融深化》（Money and Capital in Economic Development）标志着金融发展理论的真正建立。两位经济学家提出的“金融抑制”和“金融深化”论证了发展中国家的经济增长与金融发展的关系，是对传统的金融发展理论的重要扩展和补充。该理论引起了学界的强烈反响，至今仍是许多发展中国家制定金融政策和进行金融改革的重要依据。

罗纳德·麦金农的“金融抑制”理论的主要内容是：发展中国家存在严格的金融管制，重点是对利率和汇率实行管制，而管制的结果导致利率和汇率不能真实反映资金和外汇的供求关系。利率的管制让借贷资金的价格出现严重的偏离，导致信贷资金的配置效率降低，也降低了货币持有人的实际收益。进一步的结果就是使得货币持有者减少存款转向以实物形式储存财富，这样金融部门的储蓄资金就会减少，能用来发放的贷款也必然减少，整个社会的投资减少，经济发展受到影响。

E. S. 肖的“金融深化”的核心思想是：金融发展和经济发展是相互影响相互制约的，表现为金融发展能够最大限度地吸收闲散的社会资金并把这些资金发放到生产性投资项目中去，从而扩大投资促进经济发展。同样，经济的发展能够提高人们的收入水平，增加人们的金融需求，促使金融机构创新金融产品和服务，促进金融行业的发展。因此，两者是能够相互影响相互促进的，“金融深化”需要不断的动态发展。

金融发展理论提出后，又有学者对该理论进行了不断地完善。一种观点认为金融发展与经济增长存在因果关系，经济增长能够促进金融发展，金融发展又会促进经济增长；另一种观点认为金融发展能促进经济增长，金融发展能够优化经济主体的消费、投资结构从而促进经济增长，但经济增长对金融发展的促进作用却不明显；还有观点认为金融发展可能还会阻碍经济增长，经济增长对金融发展的作用也不明显；也有观点认为经济增长促进金融发展，而金融发展对经济增长的作用不明显；还有一种观点认为经济增长与金融发展之间没有因果关系，经济增长与金融发展之间存在着不同的发展逻辑，两者没有因果关系。

要破解金融抑制，实现金融发展与经济增长之间形成相互促进关系就要实行金融深化。要缓解金融抑制，就必须进行金融深化，金融深化是缓解金融抑制的有效途径。促进金融深化有三个内在要求：一是金融增长，即不断扩大金融规模；二是不断创新金融工具、完善金融体系；三是金融市场机制或市场秩序必须逐步建立和健全。政府必须逐步取消金融体系的过度干预，充分发挥市场在金融体系发展中所起的作用，促使金融发展与经济增长的良性影响。要求发展中国家的政府对高度集中的金融体制进行有效的改革，发挥金融体系的竞争机制，使金融机构能够提供更加优质高效的金融产品和服务。

我国的金融体系特别是农村金融体系也存在较为严重的金融抑制问题，要提高农村金融在农村经济增长中的作用，就必须进一步破解金融抑制，加快金融深化（李春宵，2013）。

2.2.2　信贷约束理论

一些国家在金融抑制和金融深化理论的指导下实施了金融自由化政策，但实际结果与预期相差甚远，许多国家出现了企业破产、失业增加以及通货膨胀加剧等一系列经济问题。金融深化政策的失败使得许多经济学家开始反思金融抑制和金融深化理论，并重新探索金融发展道路。斯蒂格利茨（Stiglitz）总结了金融市场失灵的原因在于政府对金融市场的监管缺失，应该建立适应经济发展内在要求的监管范围和监管标准。在这个基础上，赫尔曼（Herman）、穆尔多克（Milldoc）和斯蒂格利茨（1997）发表了《金融约束：一个新的分析框架》，提出信贷约束的理论分析构架，全面阐述了信贷约束理论的核心内容、前提条件及信贷约束的效应。

加强政府对金融体系的干预是信贷约束理论的核心内容。政府要控制存贷款利率、限制市场准入和适当减少金融竞争，尽可能让金融机构有获取租金的机会，还要让租金保留在金融部门和生产部门，使金融机构能够提供更多的金融产品和服务。政府要稳定金融市场，因为金融市场的稳定是经济增长和居民收入水平提高的前提和基础。政府要制定合适的利率，确保需求主体能以较低的利率获得贷款，金融机构也能以较低的利率吸收存款。通过对利率的控制，让租金在需求主体和金融机构之间进行合理分配，也让信贷资金在不同需求主体之间进行优化配置，以提高信贷资金的使用效率。特别要注意的是，对利率的控制并不意味着政府要对利率进行过于严格的控制，否则会导致信贷资金配置效率低下，最终可能影响到整个金融体系的正常运行。政府要限制金融机构之间的过度竞争，因为过度竞争会减小金融机构获得租金的机会。政府还要对金融机构的市场准入进行一定的限制，要控制金融体系的成员数量和规模，要制定相应措施保证新的金融机构不能损害原来金融机构获得租金的机会，否则，新的金融机构要付出一定的经济成本弥补原有金融机构的损失，当然也要保证新加入金融机构和原有机构都可以获得租金，让整个金融体系得以健康发展。

金融市场有效运行的前提条件主要有稳定的宏观经济环境、较低的通胀率、合理的利率水平以及银行和企业符合市场经济要求的行为特征等。这些条件能够保证信贷约束政策的有效实施，并防止金融约束转变成金融压抑。

信贷约束的效应。相比控制银行资本，控制存款利率更容易操作，效果也更好。只要金融机构吸收存款就能获得租金，也能增加贷款的发放。因此，信贷约束的效应表现在当较低的利率水平能够保证金融机构的利润水平，政府又能控制合理数量的金融机构保证其吸收更多的存款时，就能促进金融深化。

2.2.3 微型金融理论

20世纪90年代末，赫尔曼、默尔多克和斯蒂格利茨等学者在总结发展中国家金融自由化的经验和教训的基础上，提出了不完全竞争市场理论。该理论的主要观点是：发展中国家的金融市场类型是不完全竞争的。因为信息不对称引起的逆向选择和道德风险导致金融机构不能充分掌握借款人的信息，这是形成发展中国家金融市场失效的主要原因。为了补救市场失效，政府应该适当介入金融市场，对农村金融市场进行干预，但政府干预能克服金融市场缺陷的前提是该市场需要有完善的体制结构。因此，政府的作用首先表现在排除农村金融市场有效运行的体制障碍，这就需要对农村金融机构进行有效的改革，比如需要改革获得政府优惠贷款的垄断状况。政府的干预可以是进行补贴，但也可以是逐步取消补贴，让更多的农户获得更多的贷款优惠。发展中国家现形利率很难让金融机构产生对农户贷款的意愿和激励，应该对发放涉农贷款的金融机构给予合适的利率方面的成本补偿。金融机构吸收政府和相关主体提供的外部资金有利于其自身发展，但是这些资金应该先用于金融机构的自身建设，比如用于管理人员、监督人员以及贷款人员的培训，用于完善的会计、审计及管理信息系统的建设。

微型金融理论是不完全竞争市场理论在农村金融领域中的应用。在不完全竞争市场理论的指导下，从20世纪70年代以来，专注于为低收入者提供金融服务的微型金融[①]在全世界范围内蓬勃发展。一大批经济学家结合信息经济学、博弈论和契约理论研究了微型金融的运行机制，由此形成了微型金融理论。微型金融理论要解决农村金融市场上的信息不对称及其产生的交易成本较高的问题。主要内容是考察借款人的联保机制、借款人之间的互助合作以及借款人内部的相互监督等机制如何克服农村金融市场的信息不对称和抵押物缺失问题。同时，微型金融理论认为金融机构要努力实现自身可持续发展和消除贫困的双重目标，为此，政府就必须给予金融机构一定的政策安排，比如税收优惠和放松利率管制等。

在微型金融理论的指导下，从20世纪80年代至90年代产生了一些非政府机构提供制度性微型金融服务的成功实践。如由经济学教授尤努斯博士于1976年创办的孟加拉乡村银行；1970年印度尼西亚人民银行成立的乡村信贷部；1992年成立的玻利维亚阳光银行等。20世纪90年代国际上比较成熟的微型金融机构根据其侧重目标的不同被分为福利主义和制度主义两大阵营，一方更注重微型金融的扶贫效果而另一方则更侧重信贷机构的可持续发展。但是随着信贷技术和金融产品的发展两大阵营在20世纪90年代中后期出现了融合的趋势，微型金融实践开始追求双赢的目标从而使微型金融成为研究持续发展的必然结果。

微型金融能够成功运行的机理研究：

第一，微型金融能够有效解决农户信贷中的道德风险。联保贷款是微型金融主要的实施形式，小组成员对信贷风险附有连带责任，促使成员之间相互监

① 该概念可参见CGAP网站：http：//www.cgap.org/about/faq：The term “microfinance”, once associated almost exclusively with small－value loans to the poor, is now increasingly used to refer to a broad array of products (including payments, savings, and insurance) tailored to meet the particular needs of low－income individuals. People living in poverty, like everyone else, need a diverse range of financial services to run their businesses, build assets, smooth consumption, and manage risks.

督产生正向激励，从而能够防范道德风险（Varrian，1990；Stiglitz，1990）。因为联保贷款中如果有成员违约，那么不仅所有成员需要承担还款责任，其负责人还要承担因违约导致将来不能得到任何贷款以及将其违约行为向全社会进行公开公布等作为其违约的惩罚，社会制裁制度对成员的约束从而解决信贷风险在于金融机构把社会制裁本身作为担保物，以其将来贷款的机会成本及其社会声誉取代向金融机构贷款中所缺乏的实物抵押，从而解决因信息不对称引起的逆向选择和道德风险。Besley 和 Stepthen（1995）、Stiglitz（1990）的研究也表明，在传统的正规信贷业务中，金融机构不能完全控制借款人的行为而遭遇道德风险，但是联保贷款方式下，联保贷款的同伴监督机制能有效约束借款人对资金的使用范围和还款行为，从而有利于道德风险的解决。

第二，微型金融能够有效降低信贷风险。微型金融之所以能够有效化解信贷风险的主要原因在于成员内在的社会资本（Asif dowla，2006），小组成员之间的信任和关系网络构建了成员的社会资本状况，因为构成联保小组的成员是相互熟悉的，这就使金融机构在发放贷款时能够更加充分地了解成员的信息，从而降低信贷交易成本，而构成联保小组的成员往往都是相互信任的，这就可以减少金融机构的信贷风险。Thierry、Howard（2006）对厄立特里亚和南赞比亚的联保贷款进行了实证分析，也论证了联保贷款有利于防范金融风险。Ghatak（1999）论证了如果贷款人无力返还贷款，组员会对其进行审计的内在激励机制从而降低信贷风险，因为联保小组成员之间相互了解，组员之间关系密切，从而降低了一般贷款中所耗费的较高昂的审计成本。Peer（2005）对团体联保的监督机制进行了实证研究，研究结果表明联保贷款内在的监督机制能够降低信贷交易风险。微型金融理论还认为借款人的组织化程度等非市场要素对农村金融市场失效的解决是非常重要的。Ghatak（2000）、Laffont 和 Guessan（2000）等学者的研究结果都表明，借款人通过成立联保小组等方式提高其组织化程度有利于农村金融市场的运行效率；认为联保贷款把同质性更高的借款者组织在一起，能有效解决信贷市场中的逆向选择问题。

第三，微型金融确立了违约的惩罚机制。Udry（2005）研究表明，社会惩罚的执行对联保贷款还款率有决定意义，而社会惩罚的威慑力取决于联保小组成员之间的依存关系。Besley 和 Coate（1994）通过博弈论方法从贷款额度、动态激励、连带责任等方面论证了联保贷款在社会惩罚有效的条件下对提高还款率有正向影响。联保贷款违约的惩罚机制不仅在于其他成员要负连带责任，还在于其内在的"社会制裁"运行机制（Impavido、Ghatak，1998）。

第3章　农户信贷约束的有效甄别

农户借贷需求的满足程度会影响农户生产的投资规模和农户生活的商品需求，进而影响农村金融市场的规模和结构。分析农户信贷需求进而甄别农户是否受到信贷约束对农村金融政策的优化和农村金融产品的改善等具有重要的现实意义。现有研究通常缺乏特定贫困地区农户借贷行为的数据资料，较少的文献也因调查方法不同而导致所收集的数据并不适用于实证分析贫困地区农户的信贷需求和信贷约束状况。本章通过对江西省农户进行调研得到的数据资料，了解该地区农户借贷行为的基本特征，掌握样本农户的信贷需求和信贷约束，并调研这些地区农户的生产要素的投入状况以及农户的种植业、养殖业收入等基本情况，为书稿的写作提供数据支持。书稿使用的调研数据均来自2013年8月在赣州市、抚州市和吉安市进行的农户调查。本章首先就调研地区、调研方法及调研内容等情况进行详细说明，再对调研结果进行统计分析，揭示江西省依然贫困落后的农户对金融机构资金的需求状况及借贷特征，进而甄别农户信贷约束。

3.1　调研地区

为了使收集的数据尽可能反映江西农户信贷资金需求①及借贷行为特征，组织了金融学专业的本科生及部分研究生对经济较为落后的赣州市的15个县、吉安市的10个县和抚州市的9个县共34个县进行调研。各个地区县的个数是基于行政划分而确定的。每个县选取3个乡镇，每个乡镇选取3个村，每个村

① 经济学意义上的信贷需求是指借款人既有向金融机构借款的意愿，又具备还款能力。在调研中，笔者曾尝试用“农户过去两年的负债/收入比”作为还款能力的代理变量（参照L. J. S. Baiyegunhil et al.，2010），但因需要用两年的数据，在调研中相当于增加了1倍的工作量，受条件所限，本书参照王定祥等（2011）认定信贷需求，即根据农户自身生产生活情况需要进行借贷并确信到期能按期偿还本息进行界定。

选取3个农户家庭进行抽样调查，总共调研918个样本。样本点选取的政策依据是2012年6月28日发布的《国务院关于支持赣南等原中央苏区振兴发展的若干意见》，该文件的发布标志着继鄱阳湖生态经济区后江西省另一个国家战略的诞生。该文件指出，原中央苏区特别是赣南地区，经济发展水平还非常落后，民生问题还非常突出，贫困落后面貌需要得到根本改变。因为受到时间、成本和调研人力等条件的限制，调研地区都在江西省境内展开，没能把样本的调研区域扩大到福建省和广东省的原中央苏区。江西省内的原中央苏区的样本点是参考国务院办公厅于2013年8月印发的《中央国家机关及有关单位对口支援赣南等原中央苏区实施方案》确定的，在这个政策指导下，最终的样本选择点确定在赣州、吉安和抚州的苏区。这些地区的经济发展水平相对落后，是江西省的典型代表之一，也是我国欠发达地区的一个缩影。

江西省赣州市总面积39 379.64平方千米，占江西省总面积的23.6%。赣州与江西省会南昌的距离为423千米，是内陆地区通向东南沿海地区的重要通道，是连接“长三角”与“珠三角”的重要纽带。2012年末，赣州市人口的总户数282.40万，总人口数为926.70万，比年初增加8.44万，是江西省人口最多的地区。赣州的农业人口数为737.60万，占总人口数的79.6%；非农业人口数为189.10万，占总人口的20.4%。男性482.16万人，女性444.54万人。平均每户人口数为3.34，人口密度为每平方千米233人①。

江西省抚州市东邻福建，南接赣州，通达广东，西近京九铁路与吉安、宜春相连，北临鄱阳湖与南昌、鹰潭毗邻。抚州是国务院确定的海峡西岸经济区20个城市之一，是江西省第一个纳入国家战略区域性发展规划的鄱阳湖生态经济区的重要城市之一。2010年11月1日零时，抚州市家庭户数为1 037 983户，人口总数为3 794 050人，每户的平均人口数为3.66，比2000年第五次全国人口普查的3.86减少了0.20。抚州市居住在乡村的人口总数为2 456 958人，占总人口数的62.80%。主要农业产品中，粮食总产量为28.371亿千克（比2011年增长5.7%），糖蔗总产量为1.904亿千克，油料总产量为6 090万千克，蔬菜总产量为13.444亿千克，水果总产量为12.14亿千克，茶叶总产量为250万千克，棉花总产量为360万千克，肉类总产量为3.194亿千克，禽肉产量为9 410万千克，水产品产量为1.684亿千克。当年出栏肉猪276.221 8万头、

① 资料来源：2012年赣州市国民经济和社会发展统计公报．江西省统计局［引用日期2013-11-26］.

2013 年年末生猪存栏 176.337 6 万头①。

江西省吉安市东邻抚州市的乐安县及赣州市的宁都县和兴国县，西接湖南省的桂东、炎陵、茶陵县，南边是赣州市的赣县、南康区、上犹县，北边与宜春、丰城、樟树、新余及萍乡接壤。主要行政区域包括吉州区、青原区、井冈山市和吉安县、泰和县、万安县、遂川县、永新县、永丰县、吉水县、峡江县、安福县、新干县等，另设井冈山经济技术开发区和井冈山出口加工区。2010 年全市常住人口中，居住在乡村的人口数为 3 002 171 人，占总人口的 62.41%。2012 年，吉安市粮食总产量为 386.7 万吨；肉类总产量为 52.3 万吨，家禽出笼 9 000 万羽，水产品总产量为 19.6 万吨，都在不断增长。抚州的特色产业快速发展，新增井冈蜜柚 6.6 万亩②、高产油茶 11.1 万亩、绿色蔬菜 5 万亩、花卉苗木 5.2 万亩、珍贵楠木 6.8 万亩、有机茶叶 2.8 万亩，永丰、新干、峡江被列为全国蔬菜生产重点县。新增农民专业合作社 484 个，达到 2 080 个。农田水利建设稳步推进，投入资金 17.4 亿元，加固水库 206 座、堤防 54 千米，建成高标准农田 13.3 万亩，改善灌溉面积 50 万亩，农业综合生产能力进一步提升③。

具体调查地点如下：赣州市的赣县、信丰、大余、上犹、崇义、安远、龙南、定南、全南、兴国、宁都、于都、会昌、寻乌、石城 15 个县；吉安市的吉水、泰和、万安、新干、永丰、吉安、峡江、安福、永新、遂川 10 个县；抚州市的广昌、黎川、南丰、南城、崇仁、宜黄、乐安、资溪、金溪 9 个县（图 3－1）。

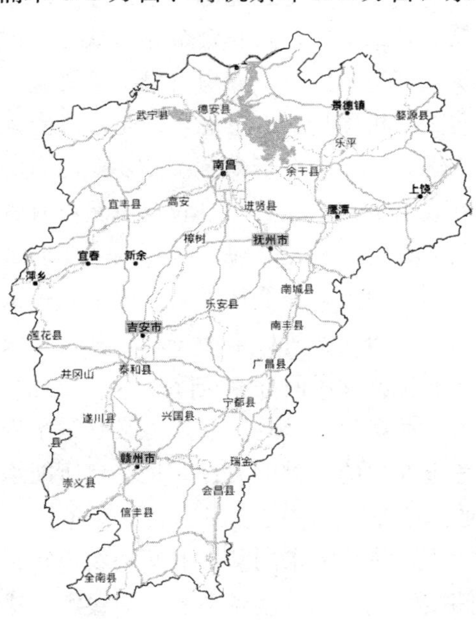

图 3－1　赣州市、吉安市和抚州市的地理位置示意图

① 资料来源：抚州市情概况．江西网［引用日期 2014－04－26］.

② 亩为非法定计量单位，1 亩＝1/15 公顷。——编者注

③ 资料来源：农村经济，吉安市人民政府网．吉安市［引用日期 2013－12－29］..

3.2 调研方法

对农户家庭特征及农户负责人的个人特征的调研相对容易，最难也最关键的问题是农户信贷约束的甄别，判别农户是否受到信贷约束一直是学术界关注和讨论的热点和难点。本章要研究信贷约束对农户收入的影响效应并探索缓解农户信贷约束的有效途径，那么，明确农户的信贷需求进而甄别农户是否受到信贷约束是进行系统研究的前提和基础。

农户信贷约束的甄别首先要确定农户是否有信贷需求，如果没有信贷需求就没有信贷约束。判定农户没有信贷需求主要有以下几种情况：其一，农户自有资金相对充足，能够满足其生产及生活的需要，不需要向金融机构申请贷款；其二，农户自身资金相对缺乏，但是能够较为方便地从民间金融渠道获得所需资金；其三，农户自身缺乏资金，不能从民间金融渠道获取相应资金，有向金融机构贷款的意愿，但是没有收入保障，没有偿还能力，从而无法构成经济学意义上的有贷款意愿和还款能力的真实需求。按同样的思路来判定农户的有效信贷需求：其一，农户虽然自有资金相对充足，但是因为需要扩大生产以及消费的“棘轮效应”等原因需要向金融机构申请了贷款；其二，农户自身资金相对缺乏，也能从民间金融中获得借贷资金，但是因为利率要比金融机构更高而转向金融机构申请贷款；其三，农户自身资金缺乏，不能从民间金融机构获取贷款（民间高利贷除外），有意愿向金融机构申请贷款也有一定的偿还能力。而衡量农户的偿还能力又是学术界关注的难点问题，调研时从两个方面来考查农户的还款能力：一是农户所能承担的贷款利率；二是农户家庭成员的总收入水平。

在信贷需求的基础上甄别农户是否受到信贷约束。农户信贷约束的甄别有间接甄别法和直接甄别法。间接甄别法的思路是用信贷约束产生的后果反向判断农户是否受到信贷约束；直接甄别法根据农户过去或现在参与金融机构的信贷行为来判断农户是否受到信贷约束（刘西川、程恩江，2009）。过去大多文献用农户从金融机构实际获得的贷款来衡量，后来越来越多的学者把这一范围逐渐扩大，还从农户的有效信贷需求、民间借贷的替代以及信贷数量约束等方面进行考察（程郁等，2009）。当前大多文献考察信贷需求及信贷约束都是从农户向金融机构申请贷款后实际所获得的贷款数额来衡量，但这一思路的缺陷在于考虑了农户的显性信贷需求，但没有充分考虑到农户的隐性信贷需求。因为有的农户虽然没有向金融机构申请贷款，但并不意味着没有信贷需求。有的农户可能受到既定思维的影响（比如，有农户认为因为没有熟人、没有抵押以及不想求人担保等），认为即使向金融机构申请了但最终也得不到贷款。

借鉴 Boucher（2006）、刘西川和程恩江（2009）以及赵建梅和刘玲玲（2013）等从信贷配给机制的视角考察信贷约束的方法，对问卷的问题进行了精心的设计，诱导农户透露对金融机构及其产品和服务的真实信息，从农户对金融机构及其产品和服务的主观认识判断农户借贷行为的选择，重新制定了农户是否受到信贷约束的甄别方式。主要的思路是：将需求层面的信贷约束分为数量约束、交易成本约束、信贷风险约束以及无信贷约束等四种情况，采用直接衡量方法不仅考察农户显性信贷需求，也要考察农户隐性信贷需求，进而甄别农户信贷约束。通过两个层次诱导农户透露其真实信贷需求：首先，了解农户是否向金融机构申请了贷款，问卷中设计的问题为“过去一年里，您是否向农村信用合作社等金融机构申请过贷款”，把该问题的答案分为“是”和“否”。其次，将申请者和未申请者又分别划分为两个方面。向申请者设计的问题是“您是否得到信用社等金融机构的贷款”和“您是否得到您所需要的所有数额”，如果申请者得到了全部数量，则意味着该农户没有受到信贷约束；若得到部分数额，则农户受到部分数量约束；若申请者的贷款申请被全盘否定，说明该农户受到完全数量约束。我们也重点考察了农户的隐性信贷需求，进而甄别潜在的信贷约束。没有申请贷款并不意味着农户没有信贷需求，没有申请贷款也并不意味着农户没有受到信贷约束。因此，又向未申请者提出一个诱导式问题“过去一年里，您是否想过要去信用社等金融机构贷款”，如果农户有向金融机构申请贷款的意愿，但又没有申请，说明该农户有潜在的信贷需求并进而甄别是否有信贷约束。这时设置了 A～J 个选项：如果回答“利息太高”、“离信用社太远”以及“手续太麻烦了”则说明农户受到交易成本约束；如果农户回答“借了担心还不起”、“担心抵押的东西拿不回来”以及“没有抵押品”等说明农户受到信贷风险约束；如果回答“贷款额度太小不能满足需要”说明农户受到数量约束；如果回答“不知道贷款手续”说明农户受到信贷服务约束；如果回答“有其他贷款”而不申请贷款，说明农户没有受到信贷约束。如果农户不想申请，也有可能受到信贷约束。这时设计的问题是“您为什么不想去信用社等金融机构申请贷款”，如果农户回答“没有抵押、没人担保”说明农户受到风险约束；如果农户回答“利息太高”、“没有关系，即使申请了也得不到贷款”说明农户受到成本约束；如果回答“距离太远”说明农户受到成本约束；如果农户回答“不需要借钱”说明农户没有受到信贷约束。农户信贷约束的调查和甄别方案如图 3-2 所示。

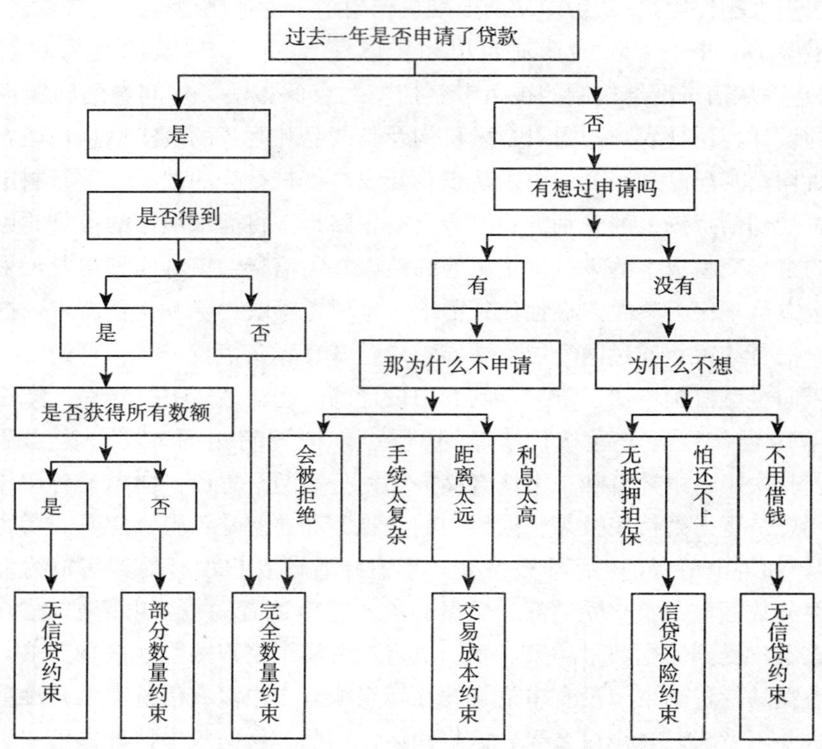

图 3-2　农户信贷约束调研方案

另外，从供给和需求的角度来判断信贷约束的类型，如果农户向金融机构申请了贷款，但是农户并没有得到任何贷款或实际得到的贷款额度少于其申请的金额，即称为农户受到供给型信贷约束。如果农户因为自身需求没有向金融机构申请贷款等情况受到的信贷约束称为需求型的信贷约束。

3.3　调研内容及问卷设计

根据研究内容设计的调研问卷主要包括以下方面的内容：

农户负责人的个体特征，包括性别、年龄、受教育水平等。农户负责人的受教育水平分为四个层次，分别为小学及以下文化程度、初中、高中或中专以及大专及以上文化程度。

农户家庭特征。包括农户的居住区域、住房特征、家庭人口规模、年龄结构以及农户加入当地各种合作社的个数；农户住所与当地信用合作社等金融机构的最小距离、农户拥有的金融机构 ATM 卡的张数以及农户每月在金融机构存款的次数等。

农户借贷行为选择。主要是向信用社等金融机构的借贷金额、用途以及贷款的偿还情况等。调查设计的思路是了解农户是否向信用社等金融机构咨询或申请过贷款，有没有发生过借贷行为和申请贷款后是否被金融机构批准。考察农户是否受到信贷约束不仅要关注向金融机构申请了贷款的农户，也要关注那些有隐性信贷需求的农户，调研中用"有贷款意愿但未申请"考察农户对正规信贷的隐性需求。问卷设计中用"没有关系申请了也会被拒绝"、"手续太复杂"、"距离太远"以及"利息太高"等选项来诱导农户填写，进而进行考察。

农户的支出结构。包括消费支出和生产经营支出等。结合信贷资金的获取情况考察信贷约束对农民支出结构的影响效应。消费结构依照统计年鉴主要划分为食品支出、衣着支出、居住支出、家庭设备购置、医疗保健费用、交通与通信支出、教育支出、娱乐及旅游支出及馈赠支出等，生产性支出主要包括粮食生产中的农药、化肥及种子，以及可能支出的雇工工资、租用的机械劳动的费用等。如果农户有种植蜜橘、脐橙及白莲等经济作物，把总支出填入其他项。

农户的收入情况。包括种植业和养殖业收入情况等。调查问卷采用了有序的区间分布方法，即：把农户的收入划分为 1 万以下，1 万～5 万元，5 万～10 万元及 10 万元以上，分别代表"低"、"中"、"中高"和"高"收入。同时，为了使收集到的数据更能准确地反映农户家庭纯收入情况，问卷设计了农户从事种植业和养殖业能够得到的各种收入以得到精确的年度核算。种植业的收入设计了相关表格，让农户填写种植的面积、产量及销售价格等，养殖业的表格便于农户填写养殖的品种、规模、销售数量及价格等。

农户调查问卷如附录所示。详细的调研结果可参阅以下各章节的调查统计分析及各实证研究中的变量设置及描述性统计。

3.4　调研结果与分析

实际收回问卷 916 份，仅有 2 份调查问卷遗失，回收率达到 99.78%。根据研究需要对所有数据进行了审核，剔除缺失与本研究有关的关键数据的问卷 42 份，最终得到有效样本数为 872 份，有效样本率为 94.99%。样本的具体应用情况为：第三章用872份有效样本甄别农户的信贷约束，在其他应用截面数据进行实证研究的章节中，使用与相应研究内容更相关的743份样本，原因是去掉了主要劳动力都在外地打工没有直接从事农业生产的129户。

3.4.1 农户基本经济状况

最终调查的有效样本的具体分布为赣州市15个县391份，占样本总量的48.84%；吉安市10个县的有效样本数为247份，占样本总量的28.33%；抚州市9个县的有效样本数为234份，占样本总量的26.83%。各城市样本农户的基本经济状况表现出以下特征（表3-1）：

表3-1 样本农户的基本特征

项　目	分类情况	户数（户）	所占比例（%）	累积比例（%）
家庭负责人年龄	20～30岁	24	2.8	2.8
	31～40岁	165	18.9	31.7
	41～50岁	420	48.2	69.9
	51岁及以上	263	30.1	100.0
家庭负责人文化水平	小学及以下	292	33.5	33.5
	初中	454	52.1	85.6
	高中（中专）及以上	126	14.4	100.0
家庭人口数	3人及以下	146	16.8	16.8
	4～6人	696	79.8	96.6
	7人及以上	30	3.4	100.0
土地面积	3亩以下	229	26.3	26.3
	3～6亩	398	45.6	71.9
	6～10亩	181	20.8	92.7
	10亩以上	64	7.3	100.0
房屋类型	砖混结构=1；	678	77.8	77.8
	砖木结构=2；	160	18.3	96.1
	土木结构=3；	34	3.9	100.0
家庭上年总收入	1万元以下	78	8.9	8.9
	1万～3万元	242	27.7	36.6
	3万～6万元	389	44.6	81.2
	6万元以上	163	18.8	100.0

（续）

项　　目	分类情况	户数（户）	所占比例（%）	累积比例（%）
家庭上年总支出	1万元以下	261	29.9	29.9
	1万～3万元	361	41.4	71.3
	3万～5万元	170	19.5	90.8
	5万元以上	80	9.2	100.0
从事的农业生产	种植业	408	46.8	46.8
	养殖业	58	6.7	53.5
	种养业都有	246	28.2	81.7
	非农生产	160	18.3	100.0

资料来源：调研整理，如无特别说明，本章数据均为调研整理所得。

（1）样本农户家庭特征

样本农户主要负责人的年龄主要集中在41岁以上，这部分人群占样本总数近80%。文化水平方面，85.6%样本农户主要负责人只有初中及以下文凭，高中及以上者不到15%，说明受教育程度整体偏低。79.8%样本农户的人口数大多为4～6人，近97%的农户都是6人以下，人口数在7人以上的大家庭农户仅为样本农户总数的3.4%。

（2）样本农户的收支状况

超过八成样本农户的上年总收入在6万元以下，6万元以上的农户占18.8%，总体上反映了样本所在地区的整体经济发展水平。样本农户上一年的总支出水平在5万元以下的占90.8%，9.2%的农户的支出超过5万元。说明农户的支出状况在很大程度上取决于当前的收入水平并且在很大程度上受限于当前的收入水平。

（3）样本农户的生产状况

从事种植业的样本农户的比例达到75%，养殖业的农户比例为6.7%，非农生产的农户比例为18.3%。大部分农户的主要收入依然来自传统的农业生产，在实际调研中与农户的交流也得知，样本农户的传统农业生产以粮食生产为主，粮食生产又基本以水稻为主，表明信贷约束对农户的生产方式有一定的影响。

3.4.2　农户信贷需求特征

（1）农户贷款金额以小额信贷为主

样本农户受到收入水平的影响，借贷资金的金额相对较小。在获得贷款的

279个样本农户中，共83.5%的农户所贷金额在4万元以下，约40%的农户的贷款金额在3万～4万元。4万元以上的比例为16.5%，单笔贷款金额偏小无疑会增加金融机构的交易成本，这被普遍认为是农户受到正规约束的一个原因。

（2）借贷期限以中短期为主

调查问卷共设置了5个借贷时间段，分别是：小于半年、半年至1年、1～3年、3～5年以及5年以上，其中比例最大的是3～5年和1～3年，分别为45.1%和31.8%，合计比重达到约77%。5年期以上的比例很小，仅为5.2%。可见，样本农户对信贷资金的需求以中短期小额需求为主。

（3）资金需求以消费性用途为主，生产性用途比例较小

在467户向农村金融机构申请过贷款的样本农户中，有287户农户的资金需求是生活消费性的，占据申请农户总数的61.5%，有118户农户的资金需求是生产性的，占申请农户总数的25.3%。在消费性用途中，房子的修建、购买或者装修的比例最高，达到65.5%，用于教育的贷款比例为33.1%，这两者占据消费性用途总额的98.6%，287户总数中只有4户的贷款用于医疗。说明住房和教育支出是农户信贷需求的主要来源，主要原因可能在于，新农村建设的发展促进了农户的住房需求。而农户的健康状况是农户受到信贷约束的一个重要因素。在生产性用途中，用于农村工商业支出的贷款用途占比为55.9%（66/118），表明农户的投资性需求在信贷中能够获得更大的重视，其次是养殖业支出，而农业生产支出的贷款比例最小，仅为15.3%，表明了样本地区农业生产资料的购买主要是自主支出为主（表3-2）。

表3-2 样本农户的信贷需求特征

项　目	选　项	户数（户）	所占比例（%）	累积比例（%）
实际所得贷款金额	2万元以下	55	19.7	19.7
	2万～3万元	63	22.6	42.3
	3万～4万元	115	41.2	83.5
	4万元以上	46	16.5	100.0
借贷期限	半年以内	16	3.6	3.6
	半年至1年	65	14.3	17.9
	1～3年	145	31.8	49.7
	3～5年	206	45.1	94.8
	5年以上	24	5.2	100.0

（续）

项　　目	选　　项	户数（户）	所占比例（%）	累积比例（%）
资金需求的主要用途	生产性用途	118	25.3	25.3
	消费性用途	287	61.5	86.8
	其他	62	13.2	100.0
主要的生产性用途	农业支出	18	15.3	15.3
	养殖业支出	34	28.8	44.1
	农村工商业支出	66	55.9	100.0
主要的消费性用途	建房/购房/装修	188	65.5	65.5
	教育	95	33.1	98.6
	医疗	4	1.4	100.0

3.4.3　农户信贷需求及信贷约束的甄别

第一，样本农户有较高的信贷需求。农户信贷需求的判定依据有两个方面：一是资金需求者是否得到了信贷资金；二是得到的信贷额度是否达到农户的意愿额度（王定祥等，2011）。本章先调查农户有没有向金融机构申请贷款，在没有申请的农户中又调查有没有向金融机构申请贷款的意愿。显性信贷需求可以从有没有向金融机构贷款进行判断，但是隐性的信贷需求必须了解农户的真实想法，用诱导式方法让农户回答问卷设计的问题可以达到这一目的。调研结果显示：样本农户超过一半（53.6%）在过去的一年都向农信社等金融机构申请过贷款，但是，没有申请贷款的405户农户中，有278户农户有贷款意愿，占据总样本总数的31.9%。“没有贷款意愿而未申请贷款”显示了农户对金融机构没有任何信贷需求，这部分农户总额为127户，只占样本总额的14.5%。换言之，样本农户中85.5%（表3-3中①+②+③+④）都有向金融机构贷款的意愿，表明样本地区农户对金融机构具有普遍性的信贷需求。进一步探索农户没有信贷需求的原因，样本农户选择“不需要借钱”的最多，为68户，其次为“借了担心还不起”，有32户，说明样本地区农户不想承受较高的还款压力。这两者占这部分农户的78.7%。

第二，农户信贷约束较高。样本农户中53.4%（466/872）（表3-3中②+③+④）的农户受到信贷约束，其中，受到部分数量约束的农户的比例是8.4%，受到完全数量约束的农户的比例是13.2%，受到交易成本和交易风险约束的农户的比例是 31.9%。样本农户中没有受到信贷约束的农户的比例是 46.6%（406/872）（表 3-3 中①+⑤），其中，32.0%的农户有信贷需求，向金融机构申请了贷款且得到了全部申请金额，14.5%的农户因为没有信贷意愿，不需要向金融机构贷款。受到信贷约束的 466 户农户中，188 户为供给型信贷约束，278 户为需求型信贷约束，分别占信贷约束农户总户数的 40.3%和 59.7%。说明样本农户受到的供给型信贷约束较轻，受到的需求型信贷约束较重。下面分别从另外角度说明这一研究结论，并对各自原因分别加以解释。

表 3-3　样本农户的正规信贷约束情况

单位：户

地区	申请后获得贷款①	申请后受到约束		没有申请贷款		总计
		部分数量约束②	完全数量约束③	有贷款意愿但未申请④	没有贷款意愿⑤	
赣州	132	26	52	121	60	391
吉安	82	23	34	73	35	247
抚州	65	24	29	84	32	234
总计	279（32.0%）	73（8.4%）	115（13.2%）	278（31.9%）	127（14.5%）	872（100%）
		188（21.6%）		405（46.4%）		

注：括号内百分比为该列统计数据占总样本数的比例。

第三，样本农户供给型信贷约束程度较轻。农户的信贷约束有金融机构等供给方面的原因，如果申请后得到了所申请数额，说明没有受到信贷约束，最终得到的贷款金额占所申请金额的比重越大，农户信贷约束就越轻。调查结果显示，32.0%（279/872）的农户最终得到了所申请的贷款金额，这部分农户占申请了贷款的农户总数的 59.7%（279/467）。最终得到所申请的全部贷款金额的农户占申请了贷款的农户总数的比例达到近 60%，这个比例应该是非常高的。申请了贷款且得到部分贷款的农户占申请了贷款农户总数的 15.6%（73/467）。这两部分农户都向金融机构申请了贷款，并都从金融机构获得贷款，农户总数为 352（279+73），占申请者总额的 75.4%（352/467），这个比例说明只要农户申请了贷款，超过 3/4 的申请者都得到了银行贷款，这就说明农户的信贷约束主要不是供给方面的原因，或者说供给型信贷约束并不严重。申请后受到数量约束的农户总数为 188 户，占样本总数的 21.6%，其中，部分数量约束的为 73 户，完全数量约束的为 115 户，即只有 13.2%的农户的贷款申请被完全拒绝。这组数据表明，从金融机构的角度来看，农户所受到的供给型信贷约束相对较轻。这个结果与一些学者（如，钟春平等，2010；李岩等，2013）的研究结论是一致的[①]。

第四，样本农户需求型信贷约束严重。农户的信贷约束不仅仅是供给方面的原因，也有需求方面的原因。没有借贷行为的机会成本极大可能导致农业生产要素投入的减少和农民消费水平的抑制（Boucher，2006）。因此有必要分析需求型信贷约束的原因。需求型信贷约束的考察主要从交易成本约束和信贷风险约束两个方面来进行。在"有贷款意愿但未申请"显示了农户对信贷的潜在需求，对这部分农户的考察，设置了五个选项分别为："没有抵押、没人担保"、"利息太高"、"没有关系"、"距离太远"及其他。其中，选择"没有关系即使申请了也得不到贷款"最多，为 97 户，这些农户认为他们不认识金融机构的人，又不会找关系，因此很难得到贷款，显示了"关系"在农村信贷市场的影响力。其次是由于"没有抵押、没人担保"，共有 82 户，反映了金融机构对农户信贷风险的考虑。选择"距离太远"而不申请贷款的农户为 66 户，说明农户与金融机构的距离在一定程度上反映了信贷交易成本，这会影响农户对金融机构及其产品的了解和认知，表明样本地区农村金融服务深度和广度都有进一步拓展的空间。选择"利息太高"的有 28 户，说明有些农户对利率水平并不十分在意，在一定的范围内是可以接受的；选择"其他"的共 5 户。

3.5 本章小结

本章利用 2013 年江西省 872 农户的调查数据对农户的信贷需求和信贷约束进行了统计分析，得出以下主要结论：第一，农户的正规信贷需求旺盛。样本农户中 85.5%都有向金融机构贷款的意愿，表明样本地区农户对信贷具有普遍性的需求。受到当地经济发展水平、家庭总收入、总支出水平及农业生产规模等因素的影响，农户向金融机构贷款的金额相对较小，基本都在 4 万元以下。期限以中短期为主，5 年期以上的贷款仅为样本农户总额的 5.2%。资金需求以消费性用途为主，生产性用途比例较小。消费性用途中，房子的修建、

① 钟春平等（2010）的调研发现很难认为农户存在严格的信贷约束。样本农户的有效贷款需求满足率达到 73.8%，约 63%的农户成功申请到贷款，只有约 19%的农户觉得太麻烦而没有向金融机构提出申请，还有约 18%的农户根本就没有贷款需求。李岩等（2013）的研究结果表明提出贷款申请的农户中有 95.82%获得金融机构的批准，受到完全信贷约束的农户只有 4.85%，其中包括 0.67%的农户因不满授信额度而主动放弃贷款，受到部分信贷约束的农户只有 8.19%。

购买或者装修的比例最高，其次为教育贷款；生产性用途中，用于农村工商业支出的贷款比例最大。第二，样本农户受到信贷约束的比例比没有受到信贷约束的农户的比例更大。从信贷约束的类型来看，供给型信贷约束程度较轻，需求型信贷约束程度较大。样本农户中53.4%受到信贷约束，没有受到信贷约束的农户的比例是46.6%。受到供给型信贷约束的农户数为188，占受到信贷约束农户总数（466）的40.3%；受到需求型信贷约束的农户数是278，占受到信贷约束农户总数的59.6%。

样本农户的信贷需求特征和信贷约束状况对下一步农村金融改革和农村金融业务的开展具有重要的指导意义：第一，农户对金融机构的信贷产品和服务有普遍性的要求，但对信贷资金的用途并不相同。因此，农村金融机构提供金融产品和服务要充分考虑到农户的差异性需求，这是金融机构提高服务水平和服务效率的关键。农村信用合作社作为农村信贷产品的主要供应主体，不仅要发放生产经营性贷款，也要发放适合农村居民的消费性贷款，比如，新型城镇化进程中农民住房信贷的需求可能是今后农村信贷产品设计和发放需要重点考虑的领域。第二，农户受到较高的信贷约束，但是受到信贷约束的更主要的原因在于农户需求的层次。因此，缓解信贷约束不仅要从金融机构供给的角度寻求途径，更要从农户自身需求的角度探索方法。

第4章 信贷约束对农户种植业收入的影响

——基于分位数回归的分析

4.1 引言

在二元经济结构比较突出的新兴发展中国家，一定时间内既定的信贷资源在城乡之间、不同产业之间优化配置的矛盾可能会长期存在。对这一问题的关注使得越来越多的学者探索金融深化和农村经济增长、农户增收的关系，可是目前学术界对于信贷资金能否提高农户的收入水平并没有达成共识。有的学者认为，农户的收入水平与金融机构的信贷资源配置相互影响，而且这种影响是动态的、变化的。金融发展和经济增长显著正相关，农业贷款能改善农业基础设施从而增加农村居民的收入水平（John N. N. Ugoani，2013）；信贷资金能通过改善资源配置改善收入分配，生产者之间的收入差异是由生产机会的差异和初始禀赋的差异引起的，信贷资金增加了可变投入的来源，促进了农户生产初始禀赋的多样化，从而减少农户之间的收入差异（M. Rota，2013）；农户从金融机构获得信贷资金的额度和机会都与收入水平密切相关，高收入农户在获取信贷资金的机会和额度上都优于低收入农户（王书华等，2014）；2004年以后农村信贷对农村居民消费支出和农民纯收入的影响系数都出现了显著的上扬趋势，农村信贷能够促进农村居民纯收入的增长（陈东等，2013）。

通过对农村金融与农民收入增长关系的研究，也有学者得出完全不一样的结果：有时候一个国家的金融发展并不一定有助于经济增长，甚至会阻碍经济增长。原因在于如果金融机构过于追求金融业务的数量而非金融业务的质量，就可能存在不同程度的金融抑制，从而导致金融资源配置的低效或无效。Hasan等（2009）通过计算1996—2005年间100个国家的金融机构的运行效率发现，银行的运行效率和经济增长显著正相关，发达国家金融业务的质量更高，而发展中国家金融业务的数量要高得多；Philip 和 Asena（2004）研究了金融自由化对农户收入的影响效应，结果表明，如果金融机构增加了对非正规部门或低收入者的信贷额度，就会导致整个社会信贷资金配置效率的下降，从而影响农户的收入水平；Koetter 和 Wedow（2010）采用德国 97 个经济开发区的样本数据，用成本效率衡量金融系统质量，考察金融效率与经济增长的关系，研究结果也发现，金融发展的质量而非金融业务的数量促进了该地区的经济增长，有的地区并非一定需要投入更多的信贷资金才能促进其经济增长进而提高居民收入水平。国内也有学者得到类似的研究结论。王彬（2011）以贵州省的样本数据研究了农村金融与农村经济增长的关系，其结论是：我国农村金融机构的信贷资金配置效率并没有得到充分的发挥，农村信贷发展与农户收入水平并不存在长期均衡关系；王性玉和田建强（2011）把信贷约束分为数量约束、交易成本约束和风险约束，研究发现农户不仅受到数量约束，有近 1/4 的农户还受到交易成本约束或风险约束，受到信贷约束的农户的收入更多依靠农户自身的资源禀赋而非外源性融资；裴辉儒（2010）利用我国 31 个省份从 1978—2007 年间的农业贷款与农业经济增长的相关数据进行实证研究，结果发现我国农业贷款与农村经济增长也不存在明显的长期均衡关系，且存在明显的区域差异；余新平等（2010）利用 1978—2008 年的相关数据，实证研究了中国农村金融发展与农民收入增长之间的关系，研究结果发现农村贷款、农业保险收入与农民收入增长负相关；农业贷款对农民增收的作用机制有一定的滞后期；朱喜、李子奈（2007）采用工具变量分位数回归法（IVQR）进行回归分析，结果表明，现有农村金融体系下的农村贷款与农户收入没有长期均衡关系，短期内农村贷款也没能促进农户收入增长。

那么，为什么对同一问题的研究会得到完全不一样的结论？通过对现有相关文献的梳理，笔者认为主要有两个方面的原因：第一，不同地区的农户获得信贷资金的具体情况是不一样的。在当前中国，各个省份的金融机构对农户发放的信贷资金情况完全不一样，各个省份的正规金融和民间金融发展水平也完全不同，正规信贷资金和民间借贷资金在满足农户的信贷需求上也各有不同。另外，各个地区的农业生产方式和农民的生活方式也不完全一致，这就导致金融机构会因为贷款用途的审核情况而影响贷款的发放，发放贷款后其真实用途也可能因地区而发生变化。第二，信贷资金对农村不同收入群体的影响是不一样的。如果充分考虑农户的异质性，就会得出同样的借贷对农户产生不一样的影响。目前大多文献的计量模型重点研究解释变量 x 如何影响被解释变量 y

的条件期望 $E(y \mid x)$，即绝大多数文献都采用均值回归。但是，条件期望只是刻画条件分布集中趋势的一个指标而已，如果条件分布不是对称分布，则条件分布很难反映整个条件分布的全貌，因为用均值回归方法得到的某个统计结果不一定适用于其他条件分布的计量结果。比如，在均值回归条件下得到信贷约束对农民收入的影响不显著，那么是否说明信贷约束对不同收入的农民的影响也是不显著呢？或者反过来说，如果均值回归得到信贷约束对农户有显著影响，那是不是对所有农户都有显著影响呢？

基于上述分析，本章使用分位数回归①就信贷约束对农户种植业收入的影响进行实证分析。该方法有其自身特点和优势，能提供关于条件分布 $y \mid x$ 的全面信息，能估计出其他若干重要的条件分位数如 1/10 分位点、1/4 分位点、中位点、3/4 分位点以及 9/10 分位点条件下的不同估计结果。分位数回归的另一个优点在于该回归的目标函数的构建基础是残差的绝对值的加权平均值的最小化，估计结果受极端值影响的概率较小。因此，本部分内容通过在江西的实际调研数据用分位数回归方法论证信贷约束对不同收入水平的农户的影响方向和影响程度。研究结论对农村金融机构针对差异化的贷款对象实施差异化的信贷政策有重要的借鉴和指导意义。

4.2　理论基础

Conor M. O’Toole，Carol Newman 和 Thia Hennessy（2014）模型（简称 CCT 模型）修正了托宾 Q 理论，测算了信贷约束对农业投资的影响，证实了信贷约束对农业投资显著负相关，并且这一影响在后金融危机时期对中等规模的农户以及乳品行业的农户表现得更加突出。CCT 模型把信贷约束引入金融深化与农户收入增长模型中，认为对农户普遍存在的信贷约束抑制了农业生产的初始投入，优化农业生产初始禀赋投入结构能够促进农业生产发展。该模型认为，理性的农户会充分考虑初始投入与未来产出的比例关系，代表性农户的目标函数是未来收益的现值最大化：

$$V_t = E_t\left[\sum_{s=1}^{\infty}\beta_{t+s-1}^{t}(\Pi_{t+s-1}) \mid \Omega_t\right] \tag{4-1}$$

① 分位数回归原理，参见：陈强．高级计量经济学及 Stata 应用［M］．第 2 版．北京：高等教育出版社，2014：第 26 章．

其中，Π 表示农业生产所获得的净利润，Ω_t 表示在 t 时期所获得的有关农业生产的技术及信息，β 代表农业生产的折旧率。现值最大化的两个约束条件如下所示：

$$\Pi_t = R[L_t, K_t] - A[K_t, I_t] - r_t I_t \tag{4-2}$$

和

$$K_t = (1-\delta)K_{t-1} + I_t \tag{4-3}$$

第一个约束条件说明农业生产所获得的收益，$R[L_t, K_t]$ 表示农业生产所获得的净利润，L_t 表示农业生产的劳动工日的投入，K_t 表示农业生产的资金投入，$A[K_t, I_t]$ 表示调整的农业生产的成本函数，I_t 表示每年农业生产需要的投资，r_t 表示单位投资的价格。第二个约束条件表示当期农业生产的资金投入受到上期的折旧率以及当期农业生产投资影响。

CCT 模型有力地说明了农户农业生产的预期收入受到当前资金存量及实际投入量的影响，模型的另一个创新在于，农户从事农业生产的资金不能仅限于“有多少钱办多大事”，也不能仅限于农户自身能力所能得到的民间借贷金额，农户也需要金融机构的外源性融资来优化农业生产的要素投入比例。但是，基于农户信贷的交易成本和风险控制，金融机构对农户的信贷支持与现实中农户的期待并不一定相符，如果农户受到信贷约束，那么有借贷需求的农户就不能通过获取信贷资金来优化农业生产的要素投入，也就不能提高生产效率从而增加下期收入。从长期来看，金融支持能够促进农户物质资本积累、人力资本水平和生产经营能力的提升。但是，如果农户特别是中低收入的农户在金融市场上难以获得有效的借贷机会，就会导致这些农户直接被金融市场排斥或者因为过高的隐性借贷成本转而寻求民间借贷，从而在一定程度上影响农户生产、经营及投资决策及效率，难以实现农户收入水平的提高。

4.3 计量模型、变量选取与样本描述

4.3.1 计量模型

分位数回归（Quantile Regression，QR）最早由 Koenker 和 Bassett 于 1978 年提出。该方法能精确描述解释变量对于被解释变量的变化范围以及条件分布形状的影响，能全面描述被解释变量条件分布的所有情形，还可以分析各分位数条件下解释变量对被解释变量的作用机制。因为不同分位数下的回归系数估计量往往是不一样的，所以能够解释因变量对自变量在不同水平的各自

影响。因此，在国内也得到了广泛的应用①。根据陈强（2014）② 采用的分位数回归模型如下：

$$y_q(x_i) = x_i'\beta_q \tag{4-4}$$

其中，β_q 为"第 q 分位数回归系数"，其估计量 $\hat{\beta}_q$ 可以由以下最小化问题来定义：

$$\min_{\beta_q} \sum\nolimits_{i:y_i \geqslant x_i'\beta_q}^{n} q \mid y_i - x_i'\beta_q \mid + \sum\nolimits_{i:y_i \geqslant x_i'\beta_q}^{n} (1-q) \mid y_i - x_i'\beta_q \mid \tag{4-5}$$

假设 $q=1/2$，则为"中位数回归"。此时，目标函数简化为

$$\min_{\beta_q} \sum\nolimits_{i=1}^{n} \mid y_i - x_i'\beta_q \mid \tag{4-6}$$

因此，中位数回归也被称为"最小绝对值离差估计量"，比均值回归更不易受到极端值的影响，统计结果更加稳健。当 $q=1/10$、$1/4$、$5/10$、$3/4$ 以及 $9/10$ 时，则为 1/10 分位点、1/4 分位点、中位点、3/4 分位点以及 9/10 分位点的回归。

4.3.2 变量选取

农户的收入有很多种，包括农户的种植业收入、养殖业收入、经营性收入、副业收入、打工收入和政策性补助资金等。由于样本农户大多都从事种植业的农业生产，因此本章的收入指农户的种植业收入，不包含其他类型的收入。把农户的种植业收入作为被解释变量，那么解释变量的选择就与柯布-道格拉斯生产函数的变量相关。主要有农业生产需要投入的劳动、土地和资本，土地以农户拥有的水田面积计算，劳动以农户在农业生产所投入的工日计算。本部分内容要研究信贷约束对农户收入的影响机理，关键变量是信贷约束，而农户的信贷约束状况在一定程度上反映农户农业生产资金投入情况，所以用信贷约束作为资金投入的代理变量。把农户负责人及农户所在地等也作为控制变量，把各地区作为虚拟变量并把这些虚拟变量和信贷约束的交互变量来控制信贷约束对农户收入的影响。

---

① 如，王文成，周津宇．农村不同收入群体借贷的收入效应分析——基于农村东北地区的农户调查数据［J］．中国农村经济，2012（5）：77-84；刘生龙．教育和经验对中国居民收入的影响——基于分位数回归和审查分位数回归的实证研究［J］．数量经济技术经济研究，2008（4），75-85；段景辉，陈建宝．我国城乡家庭收入差异影响因素的分位数回归解析［J］．经济学家，2009（9）：46-53.

② 陈强．高级计量经济学及 Stata 应用［M］．第 2 版．北京：高等教育出版社，2014：512.

表 4-1 模型设定及变量定义

变量名	定 义	预期方向
产值（*Y*）	农户种粮收入（元）	
劳动（*L*）	粮食生产劳动投入量（工日）	+
土地（*M*）	粮食生产面积（亩）	+
信贷（*credit*）	是否受到信贷约束（1=是，0=否）	−
性别（*gender*）	农户负责人性别（1=男，0=女）	待定
年龄（*age*）	农户负责人年龄（岁）	待定
文化程度（*edu*）	农户负责人文化程度（以小学及以下文化程度为对照，1=初中，2=高中或中专，3=大专及以上文化程度）	+
合作社（*coope*）	参加合作社的个数	+
耕作经验（*exper*）	主要负责人种粮年限（年）	+
健康状况（*health*）	很好=1；好=2；一般=3；很差=4	−
距离（*distan*）	农户与金融机构的最小距离（千米）	−
政治参与（*politic*）	是否担任人大代表、政协委员或村干部，如果有其中的一种或几种情况（1=是，0=否）	+

4.3.3 数据来源和统计分析

（1）数据来源

本章研究所用数据来自 2013 年暑假期间对江西的 34 个县进行了随机调查，每个县选取 3 个乡镇，每个乡镇选取 3 个村，各村选择 3 个农户，预计共调查 918 户农户。实际收回问卷 916 份，根据研究需要对所有数据进行了审核，剔除缺失与本研究有关的关键数据的问卷 44 份，最终得到有效样本数为 872 份，有效样本率为 94.99%。特别需要指出的是，样本农户中共有 129 个农户的主要劳动力都在外地打工，家庭成员的土地大多以廉价租给他人耕种，本章内容研究信贷约束对从事农业生产的农户收入的影响，因而把这部分没有在家从事农业生产的样本去除掉，得到与本部分内容研究更相关的样本 743 份①。本章内容采用的调研数据包括农户主要负责人的个体特征，包括性别、年龄、教育水平等；农户家庭特征如居住区域、住房特征、家庭总收入以及总支出、家庭人口规模、年龄结构等；家庭的生产状况；借贷行为选择主要是借

① 因为同样的原因，在后面的章节中，采用调研所用的截面数据进行统计分析时，均采用 743 个样本农户进行分析。

贷金额、用途以及贷款的偿还情况等。

（2）样本统计分析

第一，被调查农户的地区分布。赣州、吉安、抚州分别为 348、211 和 184，赣州市在江西省的人口最多，调研的农户多些。另外，相对吉安和抚州，赣州的样本农户的主要劳动力都在外打工的数量相对较小，因此，本章所用的样本数中赣州最多，占总农户数的 46.8%，吉安和抚州样本占比分别为 28.4%和 24.8%。

第二，农户负责人的个体特征。农户负责人的年龄主要在 41～50 岁之间，这部分占样本农户总数的 48.2%；总体样本农户负责人的平均年龄为 42.6 岁，受到信贷约束的农户负责人平均年龄为 44.7 岁，没有受到信贷约束农户负责人的平均年龄为 38.9 岁。

第三，样本农户农业生产的投入和产出。把农民的种植业收入作为被解释变量，把影响种植业收入的各种投入如土地、劳动和资本作为解释变量，用信贷约束作为资本的代理变量。样本农户平均收入水平为 7 416 元，样本农户粮食生产的劳动投入平均为 122 个工日，样本农户平均土地面积[①]为 4.85 亩。根据家庭收入的不同，把样本农户农业生产的要素投入如土地、劳动以及和影响农业生产收入的年龄、从事农业生产的年限等基本情况按收入等级分类统计，即将样本农户按家庭收入水平从低到高排序，取分位数 10%为低收入水平农户，分位数 25%为较低收入水平农户，分位数为 50%为中等收入水平农户，取分位数 75%为较高收入水平农户，90%为高收入水平农户（表 4－2）。

表 4－2　连续性变量的描述性统计

variable	mean	sd	min	max	p10	p25	p50	p75	p90
家庭收入	7 416.256	7 546.56	550	58 000	1 200	2 500	5 500	9 000	16 000
土地面积	4.853 23	3.475 18	0.2	30.4	1.5	2.5	4	6	9
劳动工日	121.642	56.592 94	20	350	60	80	120	150	190
年龄	45.500 63	8.203 925	4	65	33	37	42	48	55
耕作经验	18.310 86	10.130 84	1	60	7	10	17	25	33

从表 4－2 可以看出，土地面积、劳动工日、农户负责人的年龄及其耕作

① 作为粮食生产量的重要的生产要素，土地的面积大小会直接影响粮食生产方式从而影响生产效率。调研的土地面积不仅包括水田，还包括旱地，但样本地区主要的种植业是水稻，所以这部分的统计分析仅计算了水田面积。

经验都与收入水平的描述性统计是一致的。因此对于以种植业为主的农户而言，农户的收入水平与其拥有的土地面积和投入的劳动密切相关。另外，农户拥有的土地面积越多，需要投入的劳动也越多。农户负责人的务农年限越长，其收入水平就越高。以上描述性统计都符合人们对农业生产的一般认识，但需要注意的是，样本农户最低收入者和最高收入者的平均收入相差 14 800（16 000～1 200）元，收入水平有很大的差距。另外，最低收入者和最高收入者的土地面积及投入的劳动工日的差距也非常明显，两个指标的差距分别为 7.5（9～1.5）亩和 130（190～60）天，表明土地面积以及投入的劳动工日对农户收入具有重要影响。

第四，农户信贷约束。样本农户中受到信贷约束的比例为 54.9%，没有受到信贷约束的比例为 45.1%，相差约 10 个百分点，超过一半的农户受到信贷约束。因为成本及风险原因受到信贷约束的农户的比例最大，占信贷约束总数的 63%（257/408），申请了贷款但被金融机构拒绝没有得到任何贷款的农户为 87 家，占信贷约束总数的 21.3%。申请了贷款且得到部分申请金额的农户为 253，占样本总数的 34%，占申请者总数的 75.5%（253/335），说明供给型信贷约束并不严重。因为不想支付银行利息或能通过民间借贷得到所需款项而没有贷款意愿的农户数为 82，是没有受到信贷约束农户的 24.5%，说明农户受到信贷约束不仅要从供给的角度进行分析，还要从农户自身的角度探索缓解信贷约束的途径，比如进一步提高农户的金融意识，农户应该主动了解金融机构及其金融产品和服务（表 4－3）。

表 4－3　种植业农户信贷约束状况

单位：户

地区	信贷约束			无信贷约束		总计
	部分数量约束	完全数量约束	成本及风险约束	得到所需贷款	无贷款意愿	
赣州	21	47	112	121	47	348
吉安	25	23	67	75	21	211
抚州	18	17	78	57	14	184
总计	64（8.61%）	87（11.71%）	257（34.59%）	253（34.05%）	82（11.04%）	743（100%）
		408（54.91%）		335（45.09%）		

文中其他相关变量的统计特征。85.6%的文化水平在初中以下，虽然两类农户负责人的文化程度的均值几乎没有差别，但从高学历角度看，大专及以上

文化程度者总共为20人，比例仅为2.7%，其中18人没有受到信贷约束，表明较高文化水平对正规信贷可获性有很大影响。样本农户加入合作社的比例为接近10%，两类农户对待加入合作社的态度可能有不同的看法，表现在均值相差3个百分点。在样本所在地区调研中得知，农户家庭成员的政治参与对农户有较大的影响，如果家庭成员在当地政府机构有任职，或者有成员是中共党员，说明该农户的整体知识水平相对更高，获取各种信息的能力就更强，了解和接受新事物的过程相对更快，增收渠道也就更多，如果生产生活中资金相对缺乏，其筹资能力和偿还能力也相对更强。样本农户中政治参与变量的均值为0.38，表明样本地区农户政治参与的总体情况比预想的要好（表4-4）。另外，样本中有三个地区变量：赣州位于江西南部，吉安靠近江西中部，而抚州位于江西北部。把地区变量作为虚拟变量，考察江西南部、中部和北部之间相对而言信贷约束对农民收入的影响。把地区变量和信贷约束变量的乘积作为交互项，用来说明不同地区农户的信贷约束状况相对其他地区农户的信贷约束状况的关系。

表4-4　离散变量的描述性统计

变量	均值	标准差	最小值	最大值
信贷约束	0.549 1	0.497 9	0	1
政治参与	0.372 7	0.483 8	0	1
负责人性别	0.939 4	0.239 1	0	1
负责人受教育程度	1.883 0	0.750 1	1	4
农户加入合作社个数	0.098 6	0.332 1	0	3
农户健康状况	3.085 7	0.610 8	1	4
抚州	0.314 9	0.464 8	0	1
吉安	0.332 4	0.471 4	0	1
赣州	0.352 6	0.478 1	0	1

4.4　实证结果分析与讨论

运用Stata 12软件对743个农户样本使用自助法进行分位数回归①。模型

① Stata 12用的命令是：sqreg lny lnland lnlabor credit politic jian fuzhou jicredit fucredit gender age edu cooper exper，reps (400) q (.1 .25 .5 .75 .9)。

处理结果如表 4-5 所示。

表 4-5 模型估计结果

Simultaneous quantile regression　　　　Number of obs=743
bootstrap (400) SEs　　　　0.10 Pseudo $R2$=0.176 9
0.25 Pseudo $R2$=0.215 0
0.50 Pseudo $R2$=0.207 3
0.75 Pseudo $R2$=0.216 7
0.90 Pseudo $R2$=0.201 0

lny	Coef.	Std. Err.	*t*	*P*>|*t*|	[95% Conf. Interval]	
q10						
ln*land*	0.674 168 2	0.079 816 6	8.45	0.000	0.517 470 4	0.830 866 1
ln*labor*	0.267 908 3	0.125 695 6	2.13	0.033	0.021 139 6	0.514 676 9
credit	−0.374 101 6	0.177 106 3	−2.11	0.035	−0.721 800 8	−0.026 402 4
politic	0.270 957 4	0.130 044 8	2.08	0.038	0.526 264 5	0.015 650 4
jian	−0.273 341 1	0.183 020 4	−1.49	0.136	−0.632 651 1	0.085 968 8
fuzhou	−0.728 544 2	0.307 602 6	−2.37	0.018	−1.332 437	−0.124 651 7
jicredit	−0.412 902 4	0.299 589	−1.38	0.169	−1.001 063	0.175 257 7
fucredit	0.222 378	0.354 689 3	0.63	0.531	−0.473 956 3	0.918 712 3
gender	−0.304 397 5	0.181 833 5	−1.67	0.095	−0.661 377 3	0.052 582 4
age	0.004 649	0.007 389 9	0.63	0.529	−0.009 859 1	0.019 157 1
edu	0.191 018 3	0.089 770 7	2.13	0.034	0.014 778 3	0.367 258 3
cooper	0.195 367 6	0.207 958 7	0.94	0.348	−0.212 901 8	0.603 637
exper	0.012 092 5	0.005 957 6	2.03	0.043	0.000 396 4	0.023 788 6
_ *cons*	5.388 774	0.666 495 3	8.09	0.000	4.080 295	6.697 253
q25						
ln*land*	0.746 618 1	0.056 100 6	13.31	0.000	0.636 48	0.856 756 2
ln*labor*	0.414 886 1	0.089 768 8	4.62	0.000	0.238 649 9	0.591 122 3
credit	−0.210 061 3	0.111 601 5	−1.88	0.060	−0.429 159 9	0.009 037 4
politic	0.153 458	0.098 820 3	1.55	0.121	0.347 464 2	0.040 548 3
jian	−0.405 691	0.148 644 4	−2.73	0.007	−0.697 513 1	−0.113 868 9
fuzhou	−0.164 653 1	0.195 995 2	−0.84	0.401	−0.549 435 5	0.220 129 2
jicredit	−0.118 699 8	0.203 584 6	−0.58	0.560	−0.518 381 7	0.280 982 2
fucredit	−0.215 722 5	0.228 431 8	−0.94	0.345	−0.664 185 2	0.232 740 1
gender	−0.229 306 1	0.155 341 8	−1.48	0.140	−0.534 276 8	0.075 664 6

（续）

lny	Coef.	Std. Err.	*t*	*P*>|*t*|	[95% Conf. Interval]	
age	0.008 841 6	0.004 921 9	1.80	0.073	−0.000 821 2	0.018 504 4
edu	0.085 133 4	0.051 993 3	1.64	0.102	−0.016 941	0.187 207 7
cooper	0.121 386 6	0.127 281 2	0.95	0.341	−0.128 494 9	0.371 268 1
exper	0.002 302	0.003 648 7	0.63	0.528	−0.004 861 2	0.009 465 2
_ *cons*	5.062 937	0.474 394 8	10.67	0.000	4.131 595	5.994 28
q50						
ln*land*	0.750 333	0.064 251 6	11.68	0.000	0.624 192 8	0.876 473 3
ln*labor*	0.305 117 4	0.088 091 8	3.46	0.001	0.132 173 5	0.478 061 3
credit	−0.039 722 1	0.084 014 3	−0.47	0.636	−0.204 660 9	0.125 216 7
politic	0.122 632 6	0.072 265 1	1.70	0.090	0.264 505 2	0.019 239 9
jian	−0.041 300 8	0.136 217 9	−0.30	0.762	−0.308 727	0.226 125 5
fuzhou	0.203 963 9	0.113 359	1.80	0.072	−0.018 585 1	0.426 513
jicredit	−0.222 021 7	0.191 653 8	−1.16	0.247	−0.598 281	0.154 237 6
fucredit	−0.217 510 5	0.144 763	−1.50	0.133	−0.501 712 6	0.066 691 6
gender	−0.077 485 4	0.118 030 9	−0.66	0.512	−0.309 206 4	0.154 235 7
age	0.000 736	0.003 939 8	0.19	0.852	−0.006 998 7	0.008 470 7
edu	0.054 801 9	0.049 271 4	1.11	0.266	−0.041 929	0.151 532 7
cooper	0.049 864 3	0.118 406 6	0.42	0.674	−0.182 594 3	0.282 323
exper	0.000 952 8	0.003 314 5	0.29	0.774	−0.005 554 3	0.007 46
_ *cons*	6.113 507	0.418 118 6	14.62	0.000	5.292 646	6.934 367
q75						
ln*land*	0.540 140 5	0.066 612 8	8.11	0.000	0.409 364 7	0.670 916 3
ln*labor*	0.407 235 8	0.072 003 6	5.66	0.000	0.265 876 6	0.548 594 9
credit	−0.150 122 5	0.118 355 1	−1.27	0.205	−0.382 479 9	0.082 234 9
politic	0.134 428 1	0.075 263 3	1.79	0.074	0.282 186 7	0.013 330 5
jian	0.208 880 7	0.083 824 1	2.49	0.013	0.044 315 3	0.373 446 1
fuzhou	0.419 900 6	0.125 567 9	3.34	0.001	0.173 382 8	0.666 418 4
jicredit	−0.441 249 5	0.166 040 5	−2.66	0.008	−0.767 224 1	−0.115 274 9
fucredit	−0.315 430 2	0.172 173 5	−1.83	0.067	−0.653 445 2	0.022 584 8
gender	−0.066 498 4	0.153 773 1	−0.43	0.666	−0.368 389 4	0.235 392 6
age	0.004 673 1	0.003 474 4	1.34	0.179	−0.002 148	0.011 494 2

（续）

lny	Coef.	Std. Err.	*t*	*P*>|*t*|	[95% Conf. Interval]	
edu	0.062 521 7	0.044 324 3	1.41	0.159	−0.024 496 9	0.149 540 3
cooper	0.189 746 1	0.131 425 8	1.44	0.149	−0.068 272	0.447 764 3
exper	0.000 129 7	0.003 570 3	0.04	0.971	−0.006 879 7	0.007 139
_*cons*	6.136 364	0.399 848 7	15.35	0.000	5.351 372	6.921 356
q90						
ln*land*	0.433 899 7	0.057 070 7	7.60	0.000	0.321 857 2	0.545 942 2
ln*labor*	0.391 099	0.081 766 9	4.78	0.000	0.230 572 4	0.551 625 6
credit	−0.541 878 7	0.233 232 1	−2.32	0.020	−0.999 765 4	−0.083 992 1
politic	0.144 511 1	0.090 720 2	1.59	0.112	0.322 615 1	0.033 592 9
jian	0.288 254 8	0.160 587 5	1.80	0.073	−0.027 014 4	0.603 523 9
fuzhou	0.469 993 1	0.138 657 4	3.39	0.001	0.197 777 6	0.742 208 5
jicredit	−0.713 103 5	0.286 881 2	−2.49	0.013	−1.276 315	−0.149 891 7
fucredit	−0.515 528 4	0.272 544 9	−1.89	0.059	−1.050 595	0.019 538 1
gender	−0.234 328 3	0.225 575 5	−1.04	0.299	−0.677 183 5	0.208 526 9
age	−0.000 826 4	0.005 715 2	−0.14	0.885	−0.012 046 5	0.010 393 7
edu	0.024 345	0.068 839 4	0.35	0.724	−0.110 802 1	0.159 492
cooper	0.248 591 8	0.137 563 8	1.81	0.071	−0.021 476 6	0.518 660 3
exper	0.002 133 3	0.004 657 1	0.46	0.647	−0.007 009 5	0.011 276 2
_*cons*	7.433 454	0.609 029 8	12.21	0.000	6.237 792	8.629 116

从表 4-5 可以看出，某一自变量在不同分位数条件下的回归系数对因变量的作用方向都是相同的。主要变量中，土地、劳动、政治参与、年龄、教育程度、合作社以及耕作经验对农民收入都有正向影响；信贷约束与农民收入都是负相关。当然，作用方向一致并不意味着在不同的分位数回归条件下，各变量对收入的影响程度是一样的，也不说明各变量通过了不同的显著性水平检验。

土地、劳动在各分位数条件下对农民收入都有显著正向影响。除了劳动在 1/10 分位数回归时通过了 5%的显著性检验外，这两个变量在各个分位数水平的回归中其系数都通过了 1%的显著性检验。土地在 1/10 分位数水平的回归系数为 0.674 2，说明每增加 1 亩土地，农户的人均收入可以增加 0.674 2%，每增加一个工日，人均收入可以增加 0.267 9%。在其他分位数水平的回归系数与1/10水平下的回归系数表明，这两个变量对收入影响的作用机理一致，只是作用大小的区别。变量中土地和劳动的系数其实是它们对收入的弹性系数，其中土地对农民收入的弹性系数先增后减[①]，劳动对收入的弹性变化较大。说明对于种植业农户而言，土地的面积、质量以及劳动者自身的素质对农业生产有很大影响，这是农业生产的一般经验，符合农业生产的实际情况。

政治参与在各分位数下的回归系数分别为0.271 0、0.153 5、0.122 6、0.134 4以及0.144 5，表明政治参与对农民收入都有正向影响，$P>|t|$值分别0.038、0.121、0.090、0.074以及0.112，表明政治参与对农民收入的影响基本通过了10%显著度的检验[②]。说明农户成员的人大代表、政协委员或村干部身份会显著影响该农户的收入水平，可能的原因是政治参与有机会让农户接触到更多的农业生产及其相关的信息、技术等，从而提高农业生产效率，促进其增收。

计量模型把赣州作为参照组，关注相对于赣州市，吉安市和抚州市农户受到信贷约束的农户比没有受到信贷约束的农户的收入的差别。地区变量在3/4和9/10分位点回归时同时通过了10%水平的显著性检验（其中一个$P>|t|$值为0.001通过了1%的显著性检验），其系数为正，说明在这个分位数水平下，吉安市和抚州市农户相比赣州市农户，信贷约束对收入水平有更大的影响。地区虚拟变量的估计结果中，其他分位数水平的统计结果没有同时通过10%水平的显著性检验，这个研究结果说明，对其他收入水平的农户而言，农户收入水平是否受到信贷约束的影响与所在地区没有显著影响。

最后重点分析关键变量信贷约束在不同分位数回归中对农民收入的影响。因为回归方程中信贷约束是二值虚拟变量，1为受到信贷约束的农户，0为没有受到信贷约束的农户，因变量为农民平均收入，用元表示，所以在1/10分位数回归中，其系数为−0.374 1，$P>|t|$值为0.035，这就表明，收入最低的农户中，受到信贷约束的农户的人均收入要比没有受到信贷约束的农户少31.21%（$1-e^{-0.374\,1}$），并且该系数通过了5%水平的显著性检验。在1/4分位数回归模型中，信贷约束系数的$P>|t|$值为0.060说明该系数也通过了5%水平的显著性检验，系数为−0.210 1说明在这个分位数水平下，受到信

① 由表中可以看出土地对收入的系数分别为0.674 1、0.746 6、0.750 3、0.540 1以及0.433 9；劳动对收入的系数分别为0.267 9、0.414 9、0.305 1、0.407 2以及0.391 1。

② 其中三个系数小于0.1，另外两个都非常接近0.1。

贷约束的农户的人均收入水平比没有受到信贷约束农户低 18.99%（$1-e^{-0.2101}$）。在 1/2 分位数回归模型中，信贷约束系数为－0.039 7，$P>|t|$ 值为 0.636，说明在这个分位数条件下，信贷约束对收入有负向影响，但影响不显著。在 3/4 水平下的回归系数为－0.150 1，$P>|t|$ 值为 0.205，统计分析与 3/4 分位数回归结果类似。但是，在 9/10 分位数回归时情况和 1/10 及 1/4 时类似，系数为－0.541 9，$P>|t|$ 值为 0.020 通过了 2%水平的显著性检验，说明信贷约束对该收入水平的农户的收入有显著负向影响，其影响表现为，相对于没有受到信贷约束农户，受到信贷约束的农户的人均收入要低 41.86%（$1-e^{-0.5419}$）。以上分析可以说明，农户的信贷约束对农民收入是否有影响不能以均值回归结果来判定，各分位数水平下的回归结果与均值回归结果是不一样的。信贷约束对农民收入的影响随着收入水平的提高先降后升，而且信贷约束对低收入农民和较低收入农户及高收入农户有显著负向影响，而对中等收入及较高收入农户的影响并不显著。

用命令“test [q10＝q25＝q50＝q75＝q90]：credit”检验在几个分位数回归中，信贷约束（credit）的系数是否相同，得到以下结果：

```
(1) [q10] credit - [q25] credit = 0
(2) [q10] credit - [q50] credit = 0

(3) [q10] credit - [q75] credit = 0
(4) [q10] credit - [q90] credit = 0

    F (4,    729) =2.19
     Prob > F =0.068 1
```

该结果表明在 6.8%的显著性水平上认为，以上五个分位数回归系数不完全相等，与前面的分析结果是一致的。

4.5　本章小结

本章利用江西省农户调查数据，使用分位数回归方法实证研究了信贷约束对农户收入的影响。研究结果显示，农民收入在各分位数回归条件下都受到土地和劳动的正向影响，而且影响都是显著的。政治参与显著正向影响农户的收入水平。研究信贷约束对农户收入的影响不能按传统的均值回归做统一的分析，应该对不同收入水平的农户做不同的分析，因为通过分位数回归得出的信贷约束对不同收入水平的农户的影响是不一样的：对 1/10 分位点的低收入农户、1/4 分位点的较低收入以及 9/10 分位点的高收入农户而言，信贷约束对他们的收入有显著负向影响，而在 5/10 分位点及 3/4 分位点的回归结果显示，信贷约束对这些农户收入有负向影响但影响并不显著。该研究结果对农村金融机构针对不同类型的农户实施不同的信贷政策提供了经验借鉴：从信贷资金对农户收入的增长效应来看，农村金融机构应增加对农户特别是中、低收入农户以及高收入农户的信贷支持。

该研究结果对农村金融机构信贷政策的实施和信贷主体的甄别有着重要的指导意义：

第一，金融机构应该增加对农户的信贷支持。农户的信贷约束对农民收入有负向影响，说明金融机构增加农户贷款的发放能够促进农民的收入增长，在其他条件相同的情况下，农户的收入水平越高，还款能力就越强，信贷风险相对更低。增加农户贷款也是金融业务在城市范围内的竞争日益激烈的现实要求，通过增加农户贷款拓展农村信贷业务会是金融机构的另一个利润增长点，这对金融机构的自身发展有重要的借鉴意义。

第二，金融机构对农户的信贷发放应该对不同收入水平的农户采取差异化的信贷政策。信贷约束对不同收入农户的作用方向一样，但是影响程度并不相同，这就说明有限的信贷资金发放给不同农户给他们带来的收益并不一致。对不同农户采取的差异化信贷政策从以下三个方面进行说明：

首先，积极关注并相应增加对低收入和较低收入农户的信贷投放额度。信贷约束对低收入和较低收入农户收入有显著负影响，金融机构应该制定与完善信贷制度，增加对这部分农户的信贷支持。对金融机构而言，应该明确这部分农户的信贷风险也许并不大，因为在中部内陆省份，种植业遭遇极端气候的概率是非常小的，农业种植业风险一般并没有想象的大。一般理论考虑的信贷风险产生的另一个原因是信息不对称引起的逆向选择和道德风险。而据笔者调研得知，在农村乡镇这样级别的熟人社会群体中，只要和当地村委会等机构密切配合，几乎可以掌握农户的所有相关信息，金融机构可以根据这些信息对贷款对象进行有效甄别，必要时对所发放的贷款进行跟踪调查。另外，对低收入及较低收入农户发放信贷也是金融机构行使社会职能的现实要求，金融机构的目标函数不能仅仅是追求效益最大化，还应该兼顾公平。国外微型金融的巨大成功是我国金融机构对低收入和较低收入农户发放贷款的有效借鉴，为贫困农户发放贷款提供了客观可行的经验借鉴。为贫困农户发放贷款也是我国农村普惠金融发展的必然要求。

其次，维持或适当减少中或较高收入农户的信贷投放额度。在 5/10 以及 3/4 分位点条件下的回归结果不显著，说明农村中等收入水平农户和较高收入农户借贷的收入效应不明显，原因在于这部分农户有一定的经济实力和创收能力，有更大的倾向从民间借贷的渠道满足资金需求，另外，这部分群体的人数最多，信息甄别的成本相对较大。

最后，加大对高收入农户的信贷支持。9/10 分位点条件下回归的显著性结果表明，对高收入农户发放更多的信贷资金能够为这些农户增收带来更大的边际效应，也可以为其他农户的增收产生示范效应。农户收入高有其特定的原因，比如更好的耕作经验，更有效的信息渠道等，对这部分群体发放贷款能促使他们扩大生产提高效率，也能带动当地其他农户进行更有效的生产和经营管理。

第 5 章　信贷约束对农户生产效率的影响

——基于随机前沿生产函数的分析

5.1　引言

提高农户的生产效率对广大发展中国家的农业发展至关重要（Tiamiyu et al.，2010），因而一直受到广大学者的广泛关注。很多学者从宏观层面的农业经营制度以及微观层面的要素禀赋和技术进步等估算代表性农户的投入产出，进而分析影响农户生产效率的因素。现有文献对农户生产效率的提高提出了很有价值的逻辑分析和经验借鉴，对本章的写作产生很大的启迪，设想这样一种情形：在同一地区，农业经营制度和生产技术等其他条件都相同，区别仅限于进行农业生产时农户的资金拥有量。资金比较充足的农户有足够的经济实力购买更好的种子、更充足的肥料以及更有效的农药，而有的农户却因为经济条件的限制对要素投入的优化配置无能为力。那么，资金投入的多少往往导致农户的产出效率大相径庭，根据笔者的调研，这种情况在样本地区相当普遍。实际上，不同地区农户要素配置的扭曲存在显著的差异，如果能合理消除农业生产中资本与劳动配置的扭曲，农户生产效率能够增加 20% 以上，东部和西部地区的改进空间超过 30%，金融市场的发展状况是要素配置扭曲程度的主要因素之一（朱喜等，2011）。这就说明，农户生产效率的影响因素不仅在于农业经营制度，也不仅是农业生产技术水平，还与资本投入的多少引起的生产要素优化配置密切相关。

农村金融市场的发展能够优化农业生产要素的配置从而影响农户生产效率。经历了 20 世纪 80 年代的金融结构调整后，发展中国家包括农业发展银行等在内的很多机构开始重视为农户提供越来越多的信贷及保险等产品，从而帮助农户优化农业生产要素的投入（Beck et al.，2009）。农村不同渠道的借贷行为有不一样的效果，不同渠道的借贷期限也往往不同。民间信贷主要以中、短期为主且效果显著，而正规信贷主要是长期性融资且作用明显。在借贷用途上，农户往往不会从民间借贷获取大额资金来满足自身大宗消费品的支出需求，从而需要求助于金融机构。因此，在很多情况下，农村的金融机构也是农户比较期待的融资渠道（焦瑾璞等，2013；黄祖辉等，2009 等）。

本部分内容旨在探索信贷约束对农户劳动生产效率的影响。信贷约束是否对农户劳动生产率具有显著影响的研究结果有助于农民优化农业生产的要素投入。现有相关文献中，大部分研究结果表明农村发展特别是农户生产效率的提高，受到众多因素的影响，其中最重要的一个是正规信贷资金的可获性。信贷约束对农户生产效率显著负相关（Omonona et al.，2010，Catherine et al.，2007），农户面临的信贷约束严重影响了农户生产效率的提高（Guirkinger et al.，2007），是导致农村地区经济增长缓慢以及城乡居民收入差距日益扩大的关键因素（Beck at al.，2009）。农户特别是贫困农户受到的信贷约束对家庭收入和福利水平都产生了重大的负面影响（Boucher et al.，2006）。信贷之所以能够影响农户生产效率是因为农户受到的资金约束迫使他们倾向于使用更少的要素投入进行农业生产，信贷资金的获得能够满足农民因农业生产固有的周期性特征引起的资金需求和消费需求。而既有的农户资源禀赋、人口特征及所处的社会和经济环境因素又往往抑制了农户的信贷需求。因此提高农户信贷资金的可获性能改善农业生产的要素投入比例，从而提高农户生产效率，促进农业生产力的发展。但是，也有学者（如 Kochar，1997 等）的研究结果表明信贷资源与农户生产效率并没有显著影响。

从上述文献分析来看，信贷资源与生产效率的显著正向关系与否都不尽相同，可能是因为所取样本的数量、时间和地点不同以及研究方法不同。同现有文献相比，本章研究具有两个特点：首先，不同于以往主要研究农村金融发展对农民收入或经济增长之间的关系，也不同于大多文献用数据包络法（如苏小松、何广文，2013，等）研究资本、技术等要素配置对农业生产效率的影响，在借鉴现有研究成果的基础上，采用随机前沿生产函数估算三个模型：模型 1 用总样本估算农户生产效率的影响因素，模型 2 把受到信贷约束的农户作为子样本，估算其生产效率，模型 3 的子样本为没有受到信贷约束的农户。模型 1 能够说明资本对农户生产效率的影响，通过对比两个子样本的回归结果证明信贷约束对农户生产效率的不同影响。其次，该研究提供了来自江西省的例证，为政府及相关部门制定农村金融政策提供一定的参考。

5.2　模型构建和变量选择

5.2.1　模型构建

区别于传统生产函数反映的是要素投入与平均产出之间的关系，随机前沿生产函数（Stochastic Frontier Production Function）反映在具体的技术条件和生产要素投入下所能达到的最大产出，这个产出被称为生产的“帕累托最优”的前沿面。在这个前沿面上能够确定具有复合扰动项的随机边界模型，该模型的随机项由 v 和 u 组成，其中 v 是随机误差项，是生产者不能控制的影响因素；u 是技术损失误差项，是生产者能够控制的影响因素，用来衡量生产的效率损失。前沿生产函数的研究方法包括参数方法和非参数方法，两种方法都可以用来测量生产效率。参数方法主要运用最小二乘法或极大似然估计法，非参数方法主要运用线性规划方法。另外，非参数方法对样本数有一定的要求，但实际研究时可能必须舍弃一些不相关的样本值，这样就必然会影响估计结果的稳定性。因此，大多学者采用参数型随机前沿生产函数。本章的随机前沿生产函数形式采取传统的柯布-道格拉斯（Cobb - Douglas）生产函数，假定资本、劳动和土地为农户生产的是主要的三种要素投入。借鉴 Tiamiyu 等（2010）、亢霞等（2005）、姚增福等（2010）、田伟等（2010）的随机前沿生产函数分析方法：

$$y_i = f(x_i, \beta) m_i \exp(v_i) \tag{5-1}$$

i 表示第 i 个农户，q_i 表示农户 i 的产出，x_i 表示相关投入，β 为待估参数，m_i 为农户 i 的效率水平，$0<m_i\leqslant 1$，$m_i=1$ 表示该农户在生产技术水平 $f(x_i, \beta)$ 下达到产出的最优。当 $0<m_i<1$ 时，意味着农户 i 的投入没有得到充分利用，因而产出是次优的。而且，农户产出函数的随机干扰项 $v\sim(0, \sigma_v^2)$。对方程（5 - 1）两边取自然对数，可写成：

$$\ln y_i = \beta_0 + \sum_{j=1}^{k=1} \beta_j \ln x_{ij} + \ln m_i + v_i \tag{5-2}$$

令 $u_i = -\ln m_i$，上式可写成：

$$\ln y_i = \beta_0 + \sum_{j=1}^{k=1} \beta_j \ln x_{ij} - u_i + v_i \tag{5-3}$$

假设 $u_i \sim N^+(0, \sigma_v^2)$，$\lambda = \sigma_u / \sigma_v$。$u_i$ 独立于 v_i，是与技术无效率相关的非负

随机变量，反映第 i 个农户农业生产的无效程度[①]。

5.2.2 变量选择

根据柯布-道格拉斯生产函数的性质和特征，本章的 y_i 为第 i 个农户的农业收入，用种植业[②]收入表示；x_{ij} 为第 i 个农户的第 j 种投入要素，本章选择三种要素投入：K 为农户粮食生产的资本投入，表示农业经营过程中购买的化肥、农药和种子费用；L 为农户粮食生产的劳动投入；M 为农户粮食生产面积（各变量的具体含义见表 5-1）。本章重点考察农户信贷约束对农业生产效率的影响，这就涉及信贷约束的衡量问题。综合相关研究，本章将农户受到信贷约束情形概括如下：①服务约束：农户有贷款需求，但金融机构拒绝提供贷款服务或金融机构提供的贷款产品的期限、金额等不适合农户的需要而使农户放弃贷款；②数量约束：农户有贷款需求，但金融机构提供的贷款金额小于农户申请的金额；③成本约束：农户虽然有贷款需求，但因为不懂贷款程序、不懂操作等各种原因而没有向金融机构提出贷款申请；④风险约束：金融机构提供的贷款产品的利率超出农户的承受范围而使农户不得不放弃贷款。农户没有受到信贷约束的情形有：①农户有贷款需求并从金融机构获得相应的全额贷款；②农户本来就没有信贷需求。将因变量设置为二元虚拟变量，受到信贷约束赋值为 1，否则为 0。

表 5-1 变量名及其定义

变量名	定　义	预期作用方向
产值（Y）	农户种粮收入（元）	
劳动（L）	粮食生产劳动投入量（工日）	+
土地（M）	粮食生产面积（亩）	+
资本（K）	购买种子、化肥及农药等资本投入量（元）	+
效率损失值（u）	从随机前沿生产函数计算得出	
信贷（$credit$）	是否受到信贷约束（1=是，0=否）	

① 大多有关农业生产效率的文章都在效率损失的基础上计算技术效率来衡量生产效率，本书主要考察信贷约束对生产效率的影响而不是农业生产效率本身，只要计算出有和没有信贷约束农户的生产效率损失值，进而对结果进行比较就能达到研究目的，所以没有报告农户的技术效率。技术效率可以从 Stata 12 中用命令 predict te 得到。

② 主要是水稻生产，调查得到农户 2012 年水稻的产量，粮食单价因三个地区不尽相同，不同农户卖粮的议价能力也不一样，农民也不便在问卷上填写单价，所以用当年国家粮食收购价作为粮食价格计算收入。

5.3　数据说明

5.3.1　数据来源

2013 年暑假期间组织培训了金融学专业的本科生及部分研究生对位于江西省赣州市、吉安市和抚州市三地的 34 个县进行了随机调查。调研实际收回问卷 916 份，根据研究需要对所有数据进行了审核，剔除了缺失关键数据的问卷 44 份，最终得到有效样本数为 872 份，有效样本率为 94.99%。另外，样本农户中共有 129 个农户的主要劳动力都在外地打工，家庭成员的土地大多以廉价租给他人耕种，本部分内容研究信贷约束对农户生产效率的影响，把没有从事农业生产的样本去除掉，得到与本章研究内容相关的样本 743 份。本部分采用的调研数据涉及农户家庭特征、信贷需求以及融资特征和农户粮食生产的投入要素及产量等方面的内容。

5.3.2　数据描述性统计分析

第一，农户的个体特征。家庭主要负责人的年龄主要在 41～50 岁之间，这部分比例占样本总额的 48.2%；总体样本农户负责人的平均年龄为 42.6 岁，受到信贷约束的农户负责人平均年龄比这稍大，没有受到信贷约束农户负责人的平均年龄更小些，但相关性都不明显。85.6%农户的文化水平在初中以下，虽然两类农户负责人的文化程度的均值几乎没有差别，但从高学历角度看，大专及以上文化程度者总共为 20 人，比例仅为 2.7%，其中 18 人没有受到信贷约束，表明较高文化水平对正规信贷可获性有很大影响。样本农户加入合作社的比例接近 10%，两类农户对待加入合作社的态度可能有不同的看法，表现在均值相差 3 个百分点。农户粮食种植年限平均为 18.5 年，两类农户的均值相差约 1 年，但与总平均数相比，相差都不至 1 年，表明农户的耕作经验大致相似。

第二，农户信贷约束状况。样本农户中受到信贷约束的比例为 54.91%，没有受到信贷约束的农户比例为 45.09%，相差约 10 个百分点，说明样本农户中有超过一半的农户受到信贷约束。下面从信贷约束的类型和借贷行为主体两个角度分析农户信贷约束。从信贷约束的类型来看，因为成本及风险因素受到信贷约束的农户数量最大，占样本总数的 34.59%，占信贷约束农户总数的 62.99%（257/408）；申请了贷款但被金融机构拒绝没有得到任何贷款的农户为 87 户，占信贷约束总数的 21.32%，申请了贷款的农户中，有 64 户虽然没有得到全部申请数额，但还是获得了一些贷款，占信贷约束总数的 15.69%。申请了贷款且得到申请金额数量的农户为 253，占样本总数的 34.05%，占申请者总数的 75.52%（253/335），说明供给型信贷约束并不严重；因为能通过民间借贷得到所需款项而没有贷款意愿的农户数达到 82 户，占没有受到信贷约束农户总数的 24.5%（表 5-2）。农户的自我信贷约束程度较重，说明缓解农户信贷约束不仅要考虑金融机构的信贷供给，更要考虑农户自身的信贷需求。增加农户信贷需求就必须提高农户的金融意识，也需要进一步促使农户明确信贷风险和收益之间的关系。如果农户自身能确实充分考虑到贷款的用途（如有收益保障的投资项目）并向金融机构说明农户所有成员的总收入水平而不仅是家庭负责人收入水平，从而让金融机构了解其贷款的偿还能力以消除金融机构所顾虑的信贷风险，那么金融机构对农户的贷款业务将会得到更大的拓展。

表 5-2　种植业农户信贷约束状况

单位：户

地区	信贷约束			无信贷约束		总计
	部分数量约束	完全数量约束	成本及风险约束	得到所需贷款	无贷款意愿	
赣州	21	47	112	121	47	348
吉安	25	23	67	75	21	211
抚州	18	17	78	57	14	184
总计	64（8.61%）	87（11.71%）	257（34.59%）	253（34.05%）	82（11.04%）	743（100%）
		408（54.91%）		335（45.09%）		

注：表中百分比为各列统计的农户数与样本农户总数的占比，如 8.61%=64（21+25+18）/743×100%，表示三个地区共有 8.61%的农户受到部分数量约束，即这些农户实际获得的贷款小于申请额。

第三，农户农业生产的要素投入。样本农户粮食生产的劳动投入平均为 122 个工日，相比受到信贷约束的农户，没有受到信贷约束农户的劳动投入平均少 4.4 个工日，可能的原因在于农业生产的不同要素投入有一定的替代性，没有受到信贷约束的农户资金相对充足，粮食生产中可能会用更好的种子、更合理的农药和化肥的使用量，这些要素在一定程度上替代了劳动的投入。样本农户平均土地面积为 4.85 亩，无信贷约束农户的平均面积比信贷约束农户多 0.57 亩，这就说明农户实际耕种的土地面积与其经济状况有关，农户经济实力越强，其耕种甚至拥有的土地面积越多，反过来，农户耕种了更多的土地又会促进其收入的增长。农业生产的资金投入在这些要素当中的差别最大，信贷约束农户的资金投入比样本总体平均数少了 106.8 元，而无信贷约束农户比总体平均数多了 130.1 元。说明农户的经济实力会影响农业生产中资金投入，因为农业产出的最大化必须要求土地的耕种面积有一定的资金投入相匹配，在农户自有资金既定的情况下，金融机构是否对农户发放贷款会影响农户农业生产的资金投入，进而影响农业生产的产出。在这样的内在逻辑作用下，因为不同的要素投入，两类农户的产出也产生了较大的差别，没有信贷约束农户的平均产值要比信贷约束农户高出 563.2 元，相当于没有信贷约束农户的每亩产值要比受到信贷约束农户的产值高出 109.0 元（563.2/5.165 4）。

样本农户农业生产要素投入产出的描述性统计如表 5－3 所示。

表 5－3　具体变量的描述性统计

变量	均值（标准差）		
	模型 1：总体样本	模型 2：信贷约束	模型 3：无信贷约束
种植业产出	7 416.258 4（7 546.559 7）	7 162.328 4（7 372.862 6）	7 725.522 4（7 752.692 1）
劳动工日	121.642 0（56.592 9）	124.050 7（58.359 4）	119.664 2（55.093 5）
土地面积	4.853 2（3.475 2）	4.596 9（3.090 5）	5.165 4（3.874 6）
资金投入	1 596.137 3（1 426.543 5）	1 489.313 7（1 353.666 8）	1 726.238 8（1 502.364 5）
信贷约束	0.450 9（0.497 9）	—	—

5.4　实证结果分析与讨论

采用 Stata 12 软件①，通过极大似然估计法计算资本、土地面积以及劳动投入条件下粮食产量的最优产出效率。参数估计结果如表 5－4 所示，三个模型的 Log likelihood 值分别为－785.460 4、－440.861 9 和－343.054 8，Wald 检验值分别是 701.42、379.44 和 321.28，都在 1%水平显著，模型总体模拟效果很好。各系数只有劳动的 $P>|z|$ 值在三个模型中分别为 0.001、0.049 和 0.008，其余均为 0.000，说明三种要素对粮食产出均有显著的正向关系。

① 参考教材：陈强．高级计量经济学及 Stata 应用［M］．第 2 版．北京：高等教育出版社，2014：第四章，30－48.

具体分析如下：

表 5-4　随机前沿生产函数模型估计结果

变量 (lny)	模型 1：总体样本		模型 2：信贷约束		模型 3：无信贷约束	
	系数	Z 统计量	系数	Z 统计量	系数	Z 统计量
劳动 (ln*L*)	0.170 3 (0.052 3)	3.26***	0.143 4 (0.072 7)	1.97**	0.199 5 (0.075 2)	2.65***
土地 (ln*M*)	0.438 8 (0.037 0)	11.86***	0.437 8 (0.048 5)	9.02***	0.444 9 (0.057 6)	7.73***
资本 (ln*K*)	0.515 7 (0.031 7)	16.27***	0.539 2 (0.04 287)	12.58***	0.490 9 (0.047 6)	10.31***
常数项	4.097 5 (0.275 6)	14.87***	4.111 2 (0.375 3)	10.95***	4.067 2 (0.411 6)	9.88***
效率损失	0.491 1 (0.146 0)		0.564 8 (0.148 9)		0.386 7 (0.142 4)	
Number of obs	743		408		335	
Wald chi2 (3)	701.42		379.44		321.28	
Prob>=chi2	0.000 0		0.000 0		0.000 0	
Log likelihood	−785.460 4		−440.861 9		−343.054 8	

注：括号内数值为标准差；“***、**”表示变量在 1%、5%水平上显著。

三种要素中劳动对产值的弹性最小，均小于 0.2，但是信贷约束和没有信贷约束农户的劳动对产值的弹性相差最大（0.199 5−0.143 4），没有受到信贷约束农户的劳动对产值的弹性比受到信贷约束的农户的弹性更大，说明这部分农户的劳动的边际报酬更高，可能的原因在于劳动和资本在农业生产当中有一定的替代性。三种要素三个模型横向比较中，土地对产值的弹性差别最小，都在 0.44 左右，说明样本地区农户的粮食生产每增加 1%亩，粮食产值会增加 0.44%元。

相比劳动和土地，资本对产值的弹性最大，模型 1 为 0.52，说明在其他投入不变的情况下，资本投入每增加 1%元，每亩土地的粮食至少增加 0.52%元的产量，说明资本投入对农户生产效率的影响最大。相比没有受到信贷约束的农户，受到信贷约束的农户的资本对产出的弹性更大（0.539 2>0.490 9），说明得到信贷支持的农户增加资本投入后粮食产出会增加，但是，如果受到信贷约束的农户得到信贷支持进行农业生产，其资本的边际产出更大。因此，增加对农户特别是受到信贷约束农户的农业生产的信贷支持，会增加整个社会的产出和福利水平。

再考察农户的效率损失。从模型 1 可以看到所有样本农户用随机前沿生产函数计算出的农业生产投入产出效率损失的均值为 0.491 1，模型 2 说明受到正规信贷约束的农户的效率损失均值为 0.564 8，比样本总体均值高出 7.4 个百分点。模型 3 的结果表明，没有受到信贷约束农户的效率损失均值只有 0.386 7，比样本总体均值小了 10 个百分点，比受到信贷约束农户的效率损失均值小了 17.8 个百分点。这就说明，农户信贷约束对农业生产效率有很大影响：没有受到信贷约束的农户比受到信贷约束的农户的农业生产效率要高出 17.8 个百分点，比总体农户的生产效率高出 7.4 个百分点。

5.5　本章小结

现有农业生产效率的研究文献一般都关注于农业生产中技术、要素投入和要素组合等对生产效率的影响。本章内容不仅关注资本要素本身还考察农户农业生产中资金拥有量和资金来源对农业生产效率的影响。调查样本的统计分析表明，没有信贷约束农户的平均产值要比信贷约束农户高出 563.2 元，平均亩产要比受到信贷约束农户多 109.0 元。随机前沿生产函数的实证结果表明，土地面积、资本和劳动投入都与农业生产效率显著正相关，农业生产效率不仅受到土地、劳动力等传统投入要素的影响，也受到农户信贷约束的影响。没有受到信贷约束的农户比受到信贷约束的农户的平均生产效率要高出 17.8 个百分点，比总样本农户的平均生产效率要高出 7.4 个百分点。这就表明，如果能从金融机构获得相应的信贷资金，农户就会优化农业生产的要素投入比例，从而提高劳动生产率，最终促进农户增产增收。

第 6 章 信贷约束对农户消费支出的影响

——基于工具变量模型的分析

6.1 引言

消费是国内生产总值重要的组成部分，人们的消费水平和消费结构直接影响国内生产总值，对经济增长具有很大的影响。近年来受国际金融危机等因素的影响，我国经济发展的外部环境和内部环境都在不断发生变化，消费越发成为促进我国经济发展的一个重点问题，刺激消费已经成为我国拉动我国经济增长的非常有效的手段。因此，如何积极刺激国内消费进而促进我国经济增长、提高人民生活水平成为学术界和各级政府研究的重要课题。我国经济的持续快速增长必然要求我国农业生产的不断发展、农民收入的不断提高以及农村居民生活水平的大幅提高。当前，我国农村消费需求潜力远远没有得以开发，农村消费总额占居民消费总额的比例仅在 1/4 左右。在这样的大背景下，研究如何有效增加农户的消费支出，不仅是提高农民生活水平的前提条件，也是我国农业发展、农村稳定的内在要求。江西省 2013 年农村居民人均生活消费支出达到 5 654 元，是 2004 年的 2.66 倍。综观近十年江西省农村居民人均生活消费支出数据，不难发现农村居民的生活消费支出一直在不断的提升，平均年增长率为 11.54%，说明江西农村居民的生活消费水平有了显著的提高。2005—2012 年江西农村居民的恩格尔系数①不断下降，说明江西农村居民在能够保证食品需求的前提下，投入到非食品方面的消费支出得以增加，农村居民可以有更多的支出用以购买服装、改善居住条件以及购买耐用消费品等从而提高生活质量。

---

① 本书采用的恩格尔系数计算公式为食物支出金额÷总支出金额×100%。2005—2012 年依次为 49.14%、49.26%、49.82%、49.35%、45.55%、46.34%、45.20%以及 43.53%。

表6-1 农民家庭平均生活消费支出

单位：元

	2004	2005	2006	2007	2008	2009	2010	2011	2012	2013
江西	2 127	2 484	2 689	2 994	3 309	3 533	3 912	4 660	5 130	5 654
全国	2 185	2 555	2 829	3 224	3 661	3 994	4 382	5 221	5 908	6 626
占比	97.35	97.19	95.05	92.88	90.40	88.46	89.27	89.25	86.83	85.34

资料来源：《中国统计年鉴》（2005—2014）和《江西统计年鉴》（2005—2013）。①

但是，和全国农村居民家庭平均每人消费支出水平相比，江西省农村居民的消费支出水平一直低于全国平均水平，而且近年来两者比例在不断下降，说明江西省农村居民的消费水平相对而言不但没有提高，差距还在不断加大。另外，百度百科资料显示，2008年我国城镇居民家庭食品消费支出占家庭消费总支出的比重即城镇居民家庭恩格尔系数为37.9%，农村居民家庭为43.7%，而江西省2005—2012年的恩格尔系数平均水平达到47.27%。② 这就说明，如果进行自身的纵向比较，江西省农村居民的消费支出绝对数虽然有了较大的提高，消费结构也在不断改善和优化，但是，如果与全国的平均水平进行横向比较，就会发现，江西省农村居民的消费支出水平和消费支出结构必须进一步不断优化。

表6-2 农民家庭人均纯收入和人均生活消费支出结构

单位：元

年份	家庭纯收入	消费支出	食品	衣着	居住	家庭用品	交通通讯	文教娱乐	医疗保健	其他商品
2005	4 348.4	2 483.7	1 220.5	124.5	326.2	96.4	229.6	276.3	154.7	55.6
2006	4 682.2	2 688.8	1 324.4	131.1	373.5	105.7	250.9	287.5	159.1	56.6
2007	5 399.9	2 994.5	1 492.0	147.7	474.5	121.5	277.2	252.8	167.7	61.1
2008	6 170.4	3 309.2	1 633.1	157.8	559.4	155.0	301.7	236.0	205.7	60.6
2009	6 552.7	3 532.7	1 609.2	162.6	725.1	181.9	295.8	254.8	232.8	70.5
2010	7 468.5	3 911.6	1 812.7	174.6	782.7	205.3	331.8	285.2	243.8	75.5
2011	8 994.5	4 660.1	2 106.4	233.6	888.9	277.5	393.3	319.4	346.7	94.3
2012	10 039.1	5 129.8	2 233.0	265.0	1 030.2	278.3	494.5	342.7	380.4	105.6

资料来源：《中国统计年鉴》（2006—2013）和《江西统计年鉴》（2006—2013）。

① 2013年江西省农民人均生活消费支出数据来自江西省统计局网站：http：//www.jxstj.gov.cn/News.shtml？p5=4859730.

② 数据来源：百度百科 http：//baike.baidu.com/view/28093.htm？fr=aladdin.

2005—2012年，江西省农户的纯收入也在不断地增加，2012年江西省农户家庭纯收入是2005年的2.31倍，平均年增长12.78%。那么，江西省农村居民消费支出水平与全国平均水平差距不断扩大的深层次原因是什么呢？本章内容试图分析信贷约束对农户消费支出的影响方向和作用程度。抽样调查数据来源与上章节一样，采用的数据主要有农户的信贷约束状况以及农户的生产和消费支出情况，用工具变量模型分析农户的信贷约束状况对农民消费支出水平的影响。

6.2 文献回顾

农村金融机构对农户发放信贷的意愿不高的主要原因包括农户没有稳定的收入、缺少信贷抵押品、信息不对称和信用体制不健全等导致信贷交易成本过高（朱信凯、刘刚，2009）。这就导致了发展中国家农村信贷资源配置效率的低下，农户信贷约束现象普遍存在。与其他发展中国家相比，我国农户受到的信贷约束较严重（王定祥等，2011）。数据分析和实证检验均证实了我国农户在金融机构的信贷支持上存在约束现象（王书华等，2014）。大多数需要贷款的农户没有得到任何贷款，绝大部分已经得到贷款的农户也面临严重的数量配给，从金融机构得到的贷款仅占其有效需求额度的43.1%（焦瑾璞，2013）。样本农户中受到信贷约束的农户的比例是64.5%，其中，受到完全信贷约束的农户的比例是54.0%，受到部分信贷约束的农户的比例是10.5%；信贷约束导致农户的家庭净收入减少18.5%，消费支出减少20.8%（李庆海等，2012）。李岩等（2013）研究结果却表明，农户受到信贷约束程度非常低，申请贷款的农户能获得授信额度的比例是95%，受到完全信贷约束的农户的比例不足5%，受到部分信贷约束的农户的比例是8%，50%以上的农户没有贷款需求。

传统的理论解释和当前的实证研究表明，信贷约束对消费行为具有显著影响，信贷约束的缓解能促使消费水平的提高和消费结构的优化。信贷约束对农户消费结构有间接影响，因为预防性储蓄越多，能够用于消费的支出就必然越少，信贷约束又会影响到预防性储蓄。健康良好发展的金融市场应该尽可能减少农户的信贷约束，增加农户预防性储蓄水平，进而促进农户的消费水平。信贷约束并不显著影响农户的消费结构，但是广义信贷约束对农户消费结构却有显著的负影响（董志勇、黄迈，2010）。信贷市场放松管制后，在一段时间内消费将会快速增长，信贷条件的改善会明显影响人们持久性的消费支出的增长，这种影响在年轻的、受教育程度较低的家庭尤为明显，相比之下，年长的和受过高等教育的家庭的消费几乎不会受到信贷状况的冲击（Risto Herrala，2010）。然而，许多新兴经济体的现实情况是，金融发展得到了极大的提高，但金融发展的影响是：相对于产出，消费增长的波动幅度更大。R. Bhattacharya 和 I. Patnaiky（2013）通过对印度的实证研究，总结其根源在于新兴经济体中大多经济主体受到了不同程度的信贷约束，阻碍了劳动生产率的增长，进而抑制了人们的消费增长。改革开放以来我国经济周期的一个典型特征是我国居民消费的波动幅度大于产出的波动幅度，为解释这一原因，陈晓光、张宇麟（2010）通过引入异质性消费者和异质性厂商以及部分消费者和部分厂商在金融市场上所面临的信贷约束，建立了一个 RBC 模型，考察了信贷约束这一传导机制对我国经济周期的影响，研究发现：信贷约束是解释中国消费波动的一个重要传导机制。胡帮勇等（2011）根据中国 1979—2009 年的时间序列数据，基于协整分析、格兰杰因果检验和脉冲响应函数实证研究了农民的消费支出与金融深化之间的关系，其研究结论是：农户消费支出的增加主要受到农户可支配收入的增加的影响，农户的可支配收入与农户的消费支出正相关；金融规模显著影响农户消费水平，但存在一定的滞后效应；而提高农村金融效率并不能显著扩大农民的消费水平，对农户消费支出的影响显著程度要低于金融规模对农民消费支出水平的影响程度。

因此，农村金融机构应该向农户发放更多的贷款以满足其消费性支出需求（曲小刚等，2014），这就需要提高农村金融机构发放农户贷款的意愿并打消农户信贷的顾虑和偏见：农户收入具有不确定性、向农户发放的消费性贷款难以帮助农户增加收入以保证贷款的按期返还，从而农户信贷风险大。但是，特定区域的农业生产受极端气候影响的概率并不大，另外，作为一个集生产和消费于一体的经营主体，农户难以区分手头资金是用于生产还是消费。因此，政府既需要考虑金融机构的信贷风险，又需要考虑农户消费和生产。这就要求政府能够为农户的信贷提供担保，以减少金融机构的信贷风险，辅以财政、税收等手段支持和鼓励农村金融机构向农户发放贷款，以扩大农户的消费需求。

6.3　计量模型和内生性处理

根据引言中的理论分析和研究假说，本章实证分析模型如下：

$$y = \alpha + \beta C + \theta X + \mu \quad (6-1)$$

其中，因变量 y 为农户消费支出[①]。本章考察农户信贷约束对农户消费支出的影响，这就涉及信贷约束的衡量问题，衡量方法和结果如前面章节所示，将信贷约束设置为二元虚拟变量，受到信贷约束赋值为 1，否则为 0。考虑到家庭其他特征也可能影响农户消费支出，因此在实证分析模型的自变量中还加入了影响农户消费支出的家庭禀赋，包括家庭主要负责人的年龄、受教育程度、农民种粮的年限、农机服务站的远近。也包括农业生产要素投入等向量如农户种粮面积以及劳动投入等。

对于上述的实证分析模型（6-1），如果 C 能够满足 $E(C'\mu)=0$ 这个条件，那么模型就没有内生性问题，反之，需要解决内生性问题。模型的内生性产生的一个最主要的原因是遗漏了某个关键变量，或者没有把某个重要变量作为模型的控制变量。严重的内生性会使得最小二乘估计有偏和非一致，通常的改进方法是寻找一个与农户信贷约束高度相关，但与农户消费支出不相关的变量作为信贷约束的工具变量。农户的某个或某些未被观测到的因素可能影响到农户的信贷约束，同时又关系到农户的消费支出，这就容易出现内生性。为解决内生性，加入某未被观测到的因素，把模型（6-1）改写为：

$$y = \alpha + \beta C + \pi X + \lambda Q + \upsilon \quad (6-2)$$

其中 Q 表示模型中未被观测到的因素，如果 Q 与变量 C 或者某些外生变量 x_1 和 x_2 存在相关性，即：

$$Q = \alpha_1 + \beta_1 C + \theta_1 x_1 + \theta_2 x_2 + \cdots + r \quad (6-3)$$

将式（6-3）代入式（6-2），可得到下式：

$$y = (\alpha + \lambda\alpha_1) + (\beta + \lambda\beta_1)C + (\pi_1 + \lambda\theta_1)x_1 + (\pi_2 + \lambda\theta_2)x_2 + \cdots + \lambda r + \upsilon \quad (6-4)$$

可以看出，和式（6-3）相比，（6-4）中 C 的估计系数不再为 β，而是 $\beta + \lambda\beta_1$。如果存在遗漏变量，OLS 估计的结果是有偏的。工具变量法、倾向得分匹配法是用来解决内生性问题的最常用的方法。根据调查数据的特点，采用工具变量模型进行分析。一个有效的工具变量必须满足工具变量的相关性和工具变量的外生性这两个条件，即：$\text{corr}(Z_i, X_i) \neq 0$ 以及 $\text{corr}(Z_i, u_i) = 0$。假如工具变量是相关的，工具变量中的变动与 X_i 中的变动有关，如果除此以外工具变量还是外生的，则“抓住” X_i 中变动部分的工具变量是外生的。

① Feder et al.（1990），Catherine Guirkinger and Steve Boucher（2007）。

因此，相关和外生的工具变量“捕获”了 X_i 中的外生变动，所以可用这个外生变动来估计总体系数。选用工具变量 z 后，式（6 - 4）可以改写如下：

$$C = \alpha_0 + \partial z + \theta_1 x_1 + \theta_2 x_2 + \cdots\cdots + \phi \qquad (6-5)$$

把农户与金融机构的最小距离和农户中是否有成员有政治参与（是否担任人大代表、政协委员或村干部：是＝ 1；否＝ 0）作为信贷约束的工具变量，理由是这两个变量都会影响农户的信贷约束，满足相关性，但是两个变量和农户的消费支出没有直接相关关系，满足外生性。为检验工具变量的有效性，本章建立三个模型：第一个模型用农户与金融机构的最小距离单独作为工具变量；第二个模型用农户的政治参与单独作为工具变量；第三个模型同时用农户与金融机构的最小距离和农户的政治参与作为工具变量。

6.4　变量选择和描述性统计

6.4.1　变量选择

（1）被解释变量

用消费性支出（cexp）作为被解释变量。在调研中把食品支出、衣着支出、居住支出、家庭设备购置、医疗保健费用、交通与通信支出、教育支出、娱乐及旅游支出、馈赠支出和其他商品及服务支出归类为消费性支出。把农业生产的种子、化肥、农药等支出归类于生产性支出①。为消除无量纲化进行了自然对数处理，用 ln*cexp* 表示。

（2）核心解释变量

农户是否受到信贷约束（*credit*）作为核心解释变量。把该变量设置为二元离散选择变量，如果农户受到信贷约束取值为 1，反之为 0，农户信贷约束的调研思路和甄别结果参见书稿第四章。

（3）控制变量

农户的纯收入以及农户的家庭禀赋如人口数、政治参与、与金融机构的最近距离等。*Income* 表示农户农业生产的收入。*family* 表示农户的家庭人口数；*health* 表示农户家庭负责人的健康状况：1 为很好，2 代表好，3 为一般，4 是不好；*distan* 表示农户居住地与金融机构的最小距离，用千米衡量；*poli-*

① 因样本农户的农业生产（主要是水稻生产）中几乎没有雇佣劳动力进行生产，所以没有把雇佣劳动力的成本计算在内，农民自身投入的劳动成本也没有计算在内。

tic 表示农户是否有成员进行政治参与活动，如是否担任人大代表、政协委员或村干部，如果有其中的任何一种或几种情况，则设置为 1，反之为 0；用 *exper* 表示农户家庭负责人的农业生产经验（种粮年数）。

6.4.2 描述性统计

家庭主要负责人的年龄[①]主要在 41～50 岁，占样本总额的 48.2%；85.6%的文化水平在初中以下；农户人口数在 4～6 人占据 79.8%，平均每户人口数为 4.27。农户信贷约束情况如图 6-1 所示，743 个样本农户中，受到信贷约束的农户数量为 408 户，占总体样本的比例为 54.9%，没有受到信贷约束的农户为 335 户，占总体样本的 45.1%。从信贷约束农户的构成比例来看，受到部分数量约束的农户为 64 户，占比为 8.7%，受到完全数量约束的农户为 87 户，占比为 1.7%，因为成本及风险因素受到信贷约束的农户为 257 户，占比为 34.6%。

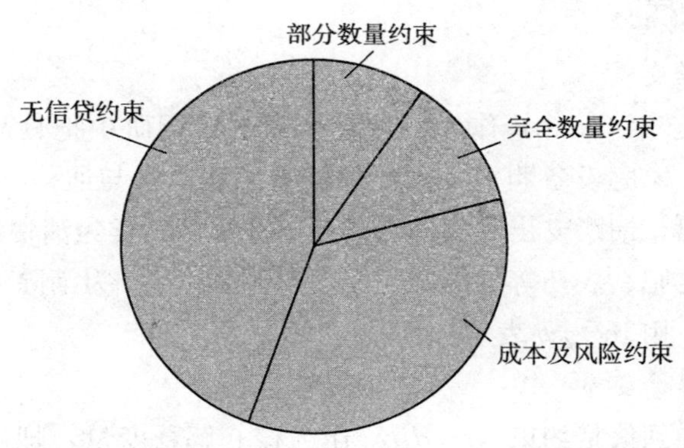

图 6-1 农户信贷约束状况

样本农户的消费支出与总支出的比例见图 6-2。图 6-2 清楚地显示样本农户消费支出占总支出的比例是很高的。消费支出占总支出的比例平均为 82.16%，只有 43 个农户的这一比例低于 60%，109 个农户家庭这一比例低于 70%，61.28%农户的消费支出占比超过 80%。

样本农户的消费支出结构反映在图 6-3 中。样本农户的食品支出比例最高，达到 45.38%，其次为教育支出为 11.94%，医疗保健费用支出比例为

① 本部分的数据来源及说明和前面章节一样。

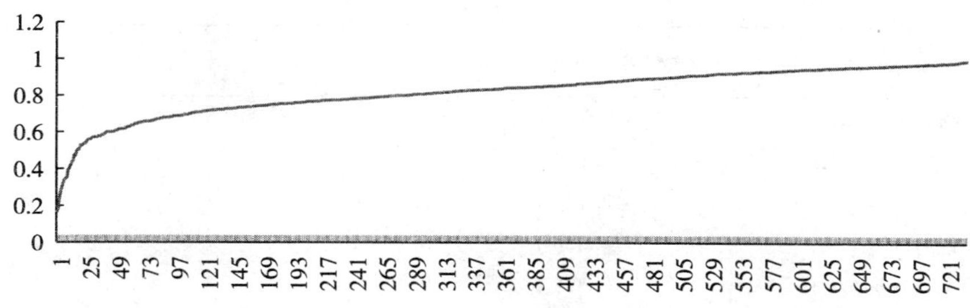

图 6-2　样本农户消费支出占总支出的比例

10.5%，衣着支出为 9.28%，居住支出为 7.33%，交通与通信支出为 6.43%，馈赠支出为 5.09%，家庭设备购置支出 2.04%，其他商品及服务支出比例最小为 0.59%。

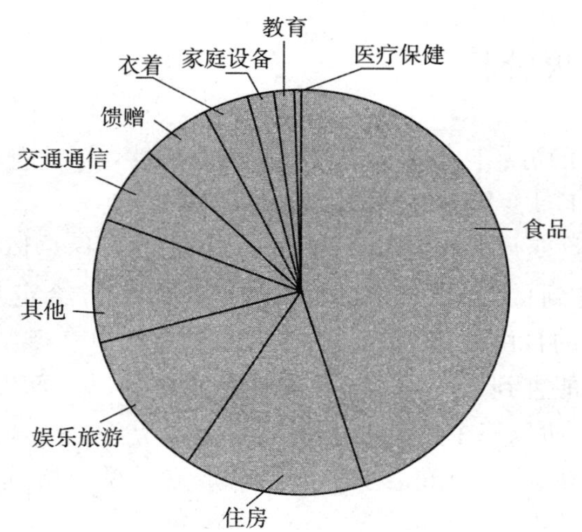

图 6-3　样本农户的消费支出结构

计量模型中变量的描述性统计如表 6-3 所示。

表 6-3　具体变量的描述性统计

变量	均值	标准差	最小值	最大值
农户消费支出（*cexp*）	14 325.46	10 185.75	800	70 800
农户消费支出对数（ln*exp*）	9.412 8	0.698 8	6.684 6	11.167 6
农户收入（*income*）	42 249.59	27 723.51	1 450	303 120
农户总收入对数（ln*incom*）	10.473 5	0.631 7	7.279 3	12.621 9

（续）

变量	均值	标准差	最小值	最大值
信贷约束（*credit*）	0.449 5	0.497 7	0	1
农户人口数（*family*）	4.274 5	0.974 0	2	10
健康自评（*health*）	3.185 7	0.780 8	1	4
最小距离（*distan*）	3.350 7	3.443 1	1	40
政治参与（*politic*）	0.372 7	0.483 8	0	1
农户负责人性别（*gend*）	0.939 2	0.239 1	0	1
农户负责人年龄（*age*）	45.500 6	8.203 9	4	65
农户负责人教育（*edu*）	1.883 0	0.750 1	1	4
参与合作社个数（*coope*）	0.098 6	0.332 1	0	3
种粮年限（*exper*）	18.310 8	10.130 8	1	60

6.5 实证结果分析

IV 回归系数的可靠性取决于工具变量的有效性，因此查看表 6－4 的第一件事是查看评估工具变量有效性的诊断统计量[①]。

首先考察工具变量的相关性。表 6－4 给出了方程总体线性的显著性检验，回归计算得到的 F 分别 2.63、3.28 和 2.83，给定显著性水平 $a=0.05$。因为分母的自由度为 737，不能从 F 分布表中直接查到 F（5，737）[②]的临界值，但是能查到 F（5，400）的临界值为 2.39，而 F（5，737）要小于 F（5，400）。所以三个模型的 F 值满足 $F>F_\alpha(k,n-k-1)$，表明三个模型的线性关系在 95%的置信水平下显著成立，说明所选用的工具变量不是弱工具变量。

工具变量回归中另一个必须关注的问题是工具变量的外生性。由于模型 1 和模型 2 都只有一个工具变量和一个包含的内生回归变量，这些回归系数是恰好识别的，因此在这两个回归中都不能采用 J 检验。而模型 3 采用的工具变量是农户与金融机构的最小距离和农户是否有政治参与，至少有农户收入这样一个内生变量。回归中两个工具变量包含有一个内生回归变量，因此是过度识别

① 詹姆斯·H. 斯托克，马克·W. 沃森. 计量经济学［M］. 第 2 版. 上海：格致出版社，2009：335.

② 解释变量数目为 5，样本容量为 743。

的（詹姆斯·H.斯托克，2009）。模型3过度识别[①]的J检验的P值分别为0.016 2，表明在5%显著水平下拒绝两个工具变量都是外生的原假设。J统计量拒绝两个工具变量都为外生变量的原因是选用这两个工具变量得到的系数估计值有很大的差别。当只有农户与金融机构作为工具变量时信贷约束的估计值是0.098 4，但当只有农户的政治参与作为工具变量时其估计值是0.262 4。J统计量的基本思想是，如果两个工具变量都是外生的，则分别利用其中一个工具变量得到的两个2SLS估计量是一致的，两者之间的差别仅仅是由随机抽样的变异造成的。假设其中一个工具变量是外生的而另一个不是，那么利用工具变量得到的估计量是不一致的。

J统计量的拒绝表明模型3中的回归采用的工具变量不是有效的，即不满足工具变量外生性的条件，这对模型1和模型2中的估计意味着：J统计量的拒绝说明至少有一个工具变量是内生的[②]，这就存在三种可能的逻辑推理：农户与金融机构的最小距离是外生的而政治参与不是外生的，在这种可能下模型1中的回归是可靠的；政治参与是外生的而农户与金融机构的最小距离不是外生的，则模型2中的回归是可靠的；这两个都不是外生的，是没有哪一个回归是可靠的。这样的计量结果要求根据生活经验做出力所能及的判断：不管农户的贷款用途是直接用来消费，还是用来投资以增加收入从而间接增加消费，当有信贷需求的农户想从金融机构获得贷款而又被拒绝时，其消费能力和消费倾向都会发生改变，可以推断模型1或模型2中会有一个是可靠的。

模型1第一阶段的统计结果表明：农户的收入水平以及家庭负责人是否有政治参与和农户的信贷约束负相关；农户与金融机构的最小距离以及农户家庭成员的健康状况与农户的信贷约束正相关；农户人口数量对农户是否受到信贷约束没有显著影响。这就说明农户收入水平越高，就越不会受到信贷约束；如果农户有成员有政治参与的工作，农户也越不会受到信贷约束。农户与正规金融机构的最小距离越大、农户家庭成员的健康状况越差，农户受到信贷约束的概率就越大；人口数量对农户的信贷约束没有显著影响的原因可能在于，本章所用的数据都是农户的整体情况，而样本农户的人口数量平均水平为4.27，农户整体水平上的人口数量并没有太大区别。

---

① Stata中过度识别检验使用的语法为estat overid。

② 詹姆斯·H.斯托克，马克·W.沃森．计量经济学［M］．第2版．上海：格致出版社，2009：336.

模型 2 第一阶段的统计结果和模型 1 第一阶段的统计结果并没有实质性的区别，各变量的影响方向都一样，不同的只是影响程度的大同小异。这在一定程度上说明模型工具变量的选择能够通过稳健性检验。

模型 1 第二阶段的统计结果表明，农户是否受到信贷约束、农户的家庭收入、农户负责人的健康状况和家庭人口数都显著影响农户的消费支出。信贷约束变量是二元虚拟变量，其系数的含义为总体均值之差，而模型的因变量是对数形式，因此，－0.098 4 意味着受到信贷约束的农户相对没有受到信贷约束农户的消费支出少 9.37%（$1-e^{-0.0984}$），这个结果说明农户的信贷约束制约了其消费支出。因为样本农户所在同一地区，面对的物价水平和通货膨胀等情况基本相同，最大的区别在于是否受到信贷约束。农户收入水平与农户消费支出都是对数形式，统计结果为 0.641 3，表明农户的收入每增加 1%，农户的消费支出将增加 0.641 3%。农户健康自评系数为 0.061 0，通过了 1%的显著度水平，表明农户负责人的健康状况对农户消费支出有显著正向影响，健康状况越差，消费支出就越多。而农户人口数量与其消费支出正相关，系数 1.733 5 通过了 1%的显著度水平检验，表明农户人口数量的增加会带来农户消费支出的增加，这与一般的经验解释是一致的。

模型 2 第二阶段的统计结果也表明，农户是否受到信贷约束、农户的家庭收入、农户负责人的健康状况和家庭人口数都显著影响农户的消费支出。信贷约束变量系数为－0.076 2 意味着受到信贷约束的农户相对没有受到信贷约束农户的消费支出少 7.34%（$1-e^{-0.0762}$），也说明农户的信贷约束制约了其消费支出，只不过两个模型所用的工具变量不同，信贷约束对农户消费支出影响水平不一样，但相差并不大。由上文推理所示，模型 1 或模型 2 中会有一个是可靠的，这就说明，样本农户中受到信贷约束的农户相比没有受到信贷约束的农户，其消费支出要低 7.34%～9.37%。农户收入水平与农户消费支出都是对数形式，统计结果为 0.872 4，表明农户的收入每增加 1%，农户的消费支出将增加 0.872 4%。而农户人口数量与其消费支出正相关，系数 0.070 5 通过了 1%的显著度水平检验，表明农户人口数量的增加会带来农户消费支出的增加。农户健康自评系数为 0.049 7 通过了 1%的显著度水平，表明农户负责人的健康状况对农户消费支出有显著正向影响，健康状况越差，消费支出就越多。因为健康状况不仅会影响农户的支出结构，医疗和保健的费用相应要增加，如果需要住院则花费更大。这些统计结果与一般的经验解释都是吻合的。

工具变量模型的回归结果如表 6－4 所示。

表 6-4　工具变量模型估计结果

First - stage regressions（第一阶段）			
因变量（信贷约束）	模型 1 系数（标准差）	模型 2 系数（标准差）	模型 3 系数（标准差）
收入对数 (ln*incom*)	−0.041 3** (0.029 0)	−0.070 3*** (0.034 6)	−0.055 8*** (0.020 7)
家庭人口 (*family*)	2.170 5 (0.386 2)	2.189 3 (0.019 6)	2.797 2 (0.091 2)
健康状况 (*health*)	0.148 5*** (0.023 7)	0.211 3*** (0.029 5)	0.021 1 (0.029 5)
最小距离 (*distan*)	0.029 5** (0.001 8)	0.036 1** (0.002 1)	0.029 4*** (0.001 8)
政治参与 (*politic*)	−0.071 7** (0.037 6)	−0.084 2* (0.042 8)	−0.074 2* (0.035 8)
常数项	0.883 5*** (0.323 8)	0.907 2*** (0.391 0)	0.947 6*** (0.090 2)
第一阶段 *F* 统计量	2.63	3.28	2.83

Instrumental variables (2SLS) regression（第二阶段）			
因变量（消费支出对数）	模型 1 系数（标准差）	模型 2 系数（标准差）	模型 3 系数（标准差）
信贷约束 (*credit*)	−0.098 4** (0.026 9)	−0.076 2*** (0.020 6)	−0.080 7** (0.038 2)
收入对数 (ln*incom*)	0.641 3*** (0.214 4)	0.872 4*** (0.236 8)	0.633 7*** (0.222 6)
家庭人口 (*family*)	0.073 3 (0.060 4)	0.070 5*** (0.017 2)	0.076 3 (0.062 4)
健康自评 (*health*)	−0.061 0*** (0.021 3)	−0.049 7** (0.026 8)	−0.054 9*** (0.013 9)
常数项	9.476 4 *** (0.902 4)	8.032 3*** (1.373 5)	9.266 2*** (0.955 1)
工具变量	农户与金融机构的最小距离	政治参与	农户与金融机构的最小距离和政治参与
过度识别约束 *J* 检验及其 *p* 值	—	—	8.248 1 [0.016 2]

注：（　）内数值为回归系数的标准差、[] 内数值为 *J* 检验的 *p* 值；*、** 和 *** 表示单个系数在 10%、5%和 1%的显著性水平。

6.6 本章小结

本章的主要目的是研究受到信贷约束是否会影响以及在多大程度上影响农户的消费支出。选用农户与金融机构的最小距离以及农户是否有政治参与作为信贷约束的工具变量，分别用其中一个变量和同时用这两个变量作为工具变量建立了三个模型进行 2SLS 回归，考察信贷约束对农户消费支出的影响。对第一阶段的 F 统计量及模型的过度识别约束的 J 检验表明所选的这两个工具变量是有效的。统计结果表明，农户的家庭收入、家庭人口数和农户负责人的健康状况都显著影响农户的消费支出，对农户的消费支出显著正相关，而农户是否受到信贷约束与其消费支出显著负相关。同时用农户与金融机构的最小距离以及农户是否有政治参与作为信贷约束的工具变量建立的模型表明单独用其中一个作为工具变量建立的模型的计量结果有一个是可靠的，用农户与金融机构的最小距离作为信贷约束的工具变量建立的模型的计量结果表明，受到信贷约束的农户相对没有受到信贷约束农户的消费支出少 9.37%；用农户家庭成员的政治参与作为信贷约束的工具变量建立的模型的计量结果表明，受到信贷约束的农户相对没有受到信贷约束农户的消费支出少 7.34%，这两个模型的结果表明，信贷约束的确抑制了农户的消费支出。因此，要扩大内需，就必须充分缓解农户的信贷约束。

第7章　政治参与、金融参与对农户信贷约束的影响

7.1　引言与文献综述

金融服务“三农”的重要性不言而喻。农村金融发展在促进经济发展、提高农民收入、增加农民消费等方面都具有非常重要的意义（尹学群、李心丹，2011），农户从银行等金融机构获取的信贷资金对农户的生产效率有显著影响（Omonona et al.，2010；Guirkinger and Boucher，2007），是促进农民增收以及缩小城乡收入差距的重要手段（Beck et al.，2009）。2015年中央1号文件明确要求积极探索农村金融改革和创新方式，鼓励各类商业银行确实增加针对“三农”的金融服务供给，要不断增加农业信贷资金总额和涉农贷款比例。为了更好的服务“三农”，我国农村金融制度自改革开放以来一直在不断地发展和完善。早在2006年，我国就进行了以国家主导的外生金融为主、民间内生金融自发演进为辅的新一轮农村金融制度改革，其最重要的目标就是要积极探索解决农村融资难的问题（洪正，2011）。可是，当前农村金融市场供需市场依然严重失衡（李似鸿，2010），农户融资难一直是我国农村金融制度改革所要解决的核心问题（洪正，2011）。我国贫困地区的大多农户都受到较为严重的信贷约束（鞠荣华等，2014；王书华等，2014；李岩等，2013；程郁、罗丹，2012；李庆海等，2012；黄祖辉、刘西川，2009；李锐、朱喜，2007），中国农村金融市场中商业性金融机构少、金融供给低、竞争不充分以及信贷配给等问题依然存在（莫媛、徐虹，2012），信贷约束对农户的福利损失有重大的影响（Boucher et al.，2006）。

农户的信贷约束会影响农民的消费水平以及农业生产效率，也会影响农村经济发展，因此，探索信贷约束的缓解之道从而满足农户的消费、生产或创业资金需求，成为研究农村金融的重要课题，国内外学者从不同的角度对此进行了广泛的研究。农户负责人的性别、受教育水平、社会认可以及农户的收入水平都是农户信贷约束的重要影响因素（王静等，2014），外出务工和民间金融

成为农户缓解融资约束的重要途径（李明贤、王旋，2015），农户有存款及加强与银行等金融机构的关系能显著缓解农户受信贷约束的程度（黄祖辉、刘西川，2009）。农村金融机构、金融服务以及金融产品的不断创新在短期内可以增加农村金融的有效供给，但实施金融自治和推进乡村自治才能有效解决金融市场的供求矛盾（李似鸿，2010）。信贷供求主体之间的信息不对称、农民信贷抵押物的缺失以及农户信贷交易成本是缓解农户信贷约束的突出问题（Stiglitz and Weiss，1981；Morduch，2000；Besley and Coate，1995）。农业生产天然的弱质性、农产品销售的市场风险、农户自身管理能力的欠缺以及相关法律的约束都显著影响到农户对银行等正规金融机构信贷资源的可获得性（Morduch，2000）。发展中国家农村金融市场中缺乏运行良好的辅助性机构，这一因素使得农户信贷合同的签订和执行都增加了更多不稳定性和不确定性（Besley and Coate，1995）。农业生产的季节性特征和农产品的高同质性使得广大发展中国家的农户对信贷资金的需求难以匹配金融机构的信贷资金的供给，增加了农户信贷合约的成本和风险（Ahlin C. et al.，2010）。

国内很多学者也从新型农村金融机构的发展实践来探索金融服务“三农”的模式和效果。农民资金互助社能够降低农村商业性金融机构对农户信贷的数量配给和交易成本配给的程度、“共跻监督”是一种有效的抵押品替代机制，能降低农民资金互助社的借贷成本和交易风险（董晓林等，2016）。建立合理有效的农村产权抵押贷款机制，加大对新型农业经营主体的金融支持，有利于解决非农经营方式农户的信贷需求（牛荣等，2016）。信贷技术、营业费用率、所在地区的经济发展水平以及金融市场的竞争程度对小额贷款公司的贷款业务有显著影响（杨虎锋、何广文，2012）。资金互助社能够有效实施相互监督和合同互联，与专业合作社或龙头公司联合发展能显著改善农户的融资需求（洪正，2011）。

以上文献表明，虽然广大学者普遍认同我国农户受到信贷约束这一现实问题，也认可信贷约束产生的不利影响，但是对于信贷约束的影响因素并不一致。可能的主要原因如下：第一，学者所采用的样本的数量和地区都具有显著的区别。本章以江西省从南到北三个地区的农户样本为数据，以落后省份落后地区农户的调研数据为基础进行的分析对探索我国广大欠发达地区农户信贷约束的影响因素有较强的说服力。第二，现有文献大多通过经济行为来分析信贷约束的影响因素，很少有文献从政治行为来进行分析，而政治参与行为对经济活动是有反作用的。另外，农户自身的金融参与行为也会对信贷资源的获取产生影响。因此，本章尝试实证检验政治参与行为和金融参与行为对农户信贷约束的影响方向和程度。这一探索拓展了研究缓解农户信贷约束的视角和路径，能为解决我国广大欠发展地区的金融市场失灵提供参考，对增加农民福祉以及缩小我国城乡收入差距等都具有一定的现实意义。

7.2　理论分析与研究假设

在广大农村地区，农户是最基本的社会组成部分和经济主体。农户即要从事农业生产，又要进行生活消费，在农产品市场上兼有生产者和消费者的双重属性，而农民自然又有其他物质的需求，因此需要资金满足其生产需求和生活消费。因此，银行等金融机构能否满足农户的信贷需求不仅会影响到农户的生产效率，也会影响到农民的生活状况。然而，影响农户获取信贷资金的因素多种多样、错综复杂，本章探索政治参与和金融参与对农户信贷约束的影响。

政治参与是指普通公民通过各种合法方式参与政治活动，从而影响政治体系的构成、运行方式、运行规则和运作过程的行为（王浦劬，1995）①，农民政治参与的主要形式包括投票选举、反映诉求、社会监管、接触或成为政府工作人员和抗议示威等，农民政治参与关系到个人权利实现、自身福利以及经济发展等问题（郭君平等，2016；陈前恒、魏文慧，2016）。农户有成员参与政治活动越活跃，说明其文化程度或社会认可度相对更高，农业生产和经营认识更丰富，更加了解农村金融政策，能够获取更多的金融信息和服务。因此，做出先验假设1：农户的政治参与有利于缓解农户的信贷约束。

农户金融参与主要表现为借贷行为、信用表现、金融参与意识等具体活动方式与意识形态。在完善的农村金融市场里，农户的金融参与和信贷需求有很大关联度（熊学萍等，2007）。现有农户金融参与的研究主要表现为农户储蓄、投资和融资等相关行为，集中表现在居民储蓄和农户借贷行为两个方面（王磊玲、罗剑朝，2010）。农户的金融意识越强，金融参与行为就越多，对银行等金融机构的性质和服务等就会越清楚，对金融机构对农户的了解就越多，从而减少金融机构发放贷款的成本和风险。因此，得出假设2：农户的金融参与有利于缓解农户的信贷约束。

① 引自郭君平等（2016）。

7.3 研究方法和数据来源

7.3.1 研究方法

对主要劳动力仍在家从事农业生产的743户农户样本进行分析，控制了农户要素禀赋等变量后，分析农户政治参与和金融参与对信贷约束的作用方向及影响程度。构建影响农户信贷约束的Probit模型：

$$prob(Y=1 \mid X)=prob(Y^{*}>0 \mid X)=prob\{[u>-(\alpha+\beta X)]X\}$$
$$=1-\Phi[-(\alpha+\beta X)]=\Phi[(\alpha+\beta X)] \qquad (7-1)$$

上式中，X 是能够观测到的各自变量，包括影响农户信贷约束的两个关键变量（农户政治参与和金融参与）和农户禀赋等控制变量，为了比较地区间的差别，设置了地区虚拟变量（位于江西省南部的赣州为参照，分析中部的吉安和北部抚州的信贷约束状况），u 为模型的随机扰动项，假设其服从标准正态分布；Φ 是累积标准正态分布函数。Y^{*} 表示潜在变量，是不可观测的。Y 是因变量，是根据调研结果推算得到的值，代表农户是否受到信贷约束，如果受到信贷约束赋值为1，否则为0，即：

$$Y=\begin{cases}1，当 Y^{*}>0，农户受到信贷约束\\0，当 Y^{*}<0，农户没有受到信贷约束\end{cases} \qquad (7-2)$$

7.3.2 变量说明

(1) 因变量

借鉴Boucher等（2006）和刘西川、程恩江（2009）等相关学者的研究，把农户受到的信贷约束①概括为四种类型：①服务约束：表示农户有向银行等金融机构贷款的需求，但银行拒绝提供贷款或提供的贷款需要的条件相对苛刻导致农户没能获得贷款；②数量约束：农户获得了贷款，但贷款金额没有达到事先的预期；③成本约束：农户的贷款需求由于银行的贷款流程、办理手续、利率水平过高和期限过长等原因，导致交易成本过高而未能获得想要的贷款；④风险约束：害怕担心到期时还不上或担心利率超出了其承受的范围。农户没有受到信贷约束的情况主要有两种：①农户自有资金相对充实或者能从民间金融渠道获得所缺资金；②农户从金融机构获得了所需要的全部金额。构建农户

① 农户信贷约束的具体甄别方法可参见李长生、张文棋（2014）。

信贷约束影响因素的 Probit 模型，将因变量信贷约束设置为二元离散选择的虚拟变量，即农户是否受到信贷约束，受到信贷约束为1，否则为0。

（2）自变量

即影响农户信贷约束的变量，关键变量为农户的政治参与和金融参与，控制变量为农户禀赋：

①农户禀赋。主要包括农户负责人的相关情况及农户所拥有的土地等资源禀赋。信贷风险是银行发放贷款时首要考虑的问题，防范信贷风险必须充分考虑农户禀赋。农户个人资源禀赋主要有农户负责人的年龄、性别、婚姻状况、受教育程度等，农户家庭禀赋因素包括所拥有的土地面积、农户加入当地合作社的个数、农户的整体健康状况、农户与银行等金融机构的最小距离以及农户的总收入和总支出等。

②农户政治参与。农户的政治参与行为包括是否参加过村委会选举投票、联系政府官员、联系人大代表、联系党组织、联系其他重要人物等，把联系或成为政府工作人员作为这些农户政治参与的最重要形式（陈鹏、臧雷振，2015）。村委会选举是村民自治的一种重要方式，也是农村居民政治参与的一项重要内容（中国社会科学院农村发展研究所课题组，2011）。也有学者认为参加村委会相关工作是农民参与政治活动的最直接形式，家庭成员担任村干部的积极性能直接反映公民的责任意识（董进才，2009）。鉴于笔者调研对象均为较偏远地区的农户，他们直接参与选举的机会并不多，因此，借鉴董进才（2009）、社会科学院课题组（2011）以及陈鹏、臧雷振（2016）等把家庭成员是否担任过村干部等行为作为农户政治参与的代理变量，调查农户“是否有成员担任过村干部、人大代表、政协委员”，或“是否有成员是中共党员或各民主党派成员”，如果有成员有上述其中任何一种行为，则说明有政治参与，反之没有。即设置该变量为二元离散选择变量，农户有政治参与设置为1，反之为0。

③农户金融参与。当前大多数农户在信用社等金融机构有新农保、新农合的储蓄账户，但是能用该账户或另外办理银行卡的并不多。本章所论述的银行卡是指以农户负责人开的户，即包括以负责人名义在银行办理的信用卡和储蓄卡，也包括与新农合或新农保绑定的卡。虽然不办理银行卡也能办理相关业务，但只有存折的农民去银行办理业务的次数相对来说会更少，如果农民经常去银行办理业务，联系会更加密切，那么银行对农户资金状况了解的相对更多，有利于银行掌握相关信息，降低信贷风险。因此，用“农户负责人是否在

银行办理过银行卡”及“农户负责人每月在银行办理业务的次数”作为农户金融参与的代理变量。把“农户负责人是否在银行办理过银行卡”设置为二元离散选择变量，有为1，反之为0（表7-1）。

表7-1　各变量选择及处理说明

变　量	变量解释	先验判断
信贷约束（*credit*）	农户是否受到信贷约束（是=1；否=0）	—
政治参与（*politic*）	是否担任村干部、人大代表或政协委员等：是=1；否=0	负向
是否使用银行卡（*ATMcard*）	负责人是否使用银行卡（是=1；否=0）	负向
每月办理业务次数（*avenum*）	负责人每月去银行办理业务的次数	负向
负责人性别（*gen*）	男=1；女=0	不确定
负责人年龄（*age*）	实际岁数（岁）	负向
负责人受教育程度（*edu*）	小学及以下=1；初中=2；高中（中专）=3；大专及以上=4	负向
耕作经验（*exper*）	农户从事农业生产的年数	负向
农户健康状况（*health*）	很好=1；好=2；一般=3；很差=4	正向
合作社（*cooper*）	加入合作社个数	负向
与银行的最小距离（*distan*）	农户与银行的最小距离（千米）	正向
耕地面积（*land*）	家庭总耕地面积（亩）	负向
总收入（*totalinc*）	农户所有成员的总收入（元）	负向
抚州（*fuzhou*）	地区虚拟变量（抚州市=1，其他=0）	不确定
吉安（*jian*）	地区虚拟变量（吉安市=1，其他=0）	不确定
赣州（*ganzhou*）	地区虚拟变量（赣州市=1，其他=0）	不确定

7.3.3　数据来源

2013年暑假期间，课题组在位于江西省南部的赣州市、中部的吉安市和北部的抚州市的34个县进行了随机抽样调查，发放的调查问卷总计918份，实际收回916份。审核调研问卷时剔除了缺失关键数据的44份问卷，共得到有效样本872份。剔除家庭主要劳动力外出打工的129户，得到与本章研究更为相关的743份样本。其中，赣州、吉安、抚州分别为348、211和184份，江西省赣州市的人口最多，因此调研的户数相对较多，比例为46.8%，吉安市和抚州市的样本占比分别为28.4%和24.7%。本章所用的调研数据为农户的信贷约束状况、农户禀赋、农户的政治参与行为和金融参与行为等。

7.3.4 样本的描述性统计

样本农户的信贷约束状况如表7-2所示，近55%的样本农户受到信贷约束，因成本及风险导致的信贷约束的比例最大，达到近35%。约45%的样本农户没有受到信贷约束，其中，申请了信贷并得到了所申请金额的农户的比例达到约34%，初步说明了金融参与行为对农户信贷约束的影响。

表7-2　农户信贷约束状况

单位：户

地区	信贷约束			无信贷约束		总计
	部分数量约束	完全数量约束	成本及风险约束	得到所需贷款	无贷款意愿	
赣州	21	47	112	121	47	348
吉安	25	23	67	75	21	211
抚州	18	17	78	57	14	184
总计	64（8.61%）	87（11.71%）	257（34.59%）	253（34.05%）	82（11.04%）	743（100%）
		408（54.9%）		335（45.1%）		

本章所使用的各自变量的描述性统计状况如下：

农户禀赋的统计特征。农户负责人的平均年龄为42.6岁，48.2%的负责人年龄居于41～50岁之间；负责人初中文化程度及以下的高达85.6%，样本中总共只有20人是大专及以上文化，仅占2.7%；样本农户的平均总收入为9 279元①，样本农户收入构成中，种植业收入为7 416元，占总收入比重为79.92%。土地对样本农户的收入有重大影响，耕地面积尤其重要，该平均值为4.85亩，但平均耕地面积少于5亩的有428户，占57.6%，大于10亩的有65户，占7.8%。调研发现，主要时间都在家务农的农民的年龄普遍较大，务农年限的平均值为18，但务农时间有20年以上的占44.4%。农户与银行的最小距离的平均值为3.35千米，最小距离小于3千米的占71.3%（530/743），59户与银行的最小距离有10千米以上，占样本总数的7.9%。

农户政治参与的基本状况。样本农户中有政治参与的为280户，占总样本数的37.69%，没有政治参与的达到463户，占总样本数的62.31%。说明大

① 不仅包括种植业收入，还包括养殖业收入以及家庭成员的打工收入等。

多数样本农户的政治参与活动较少，这与描述性统计中的样本农户受到信贷约束的农户的比例更大的结论是相一致的，初步论证了农户的政治参与对信贷约束的影响。

农户金融参与的基本特征。共 447 户农户在本地银行（通常是信用合作社）办理了银行卡，另外 296 户（占比为 39.8%）没有任何银行卡。共 405 户（占 54.5%）农户负责人平均每月用银行卡在银行办理业务的次数为 0，次数为 1 和 2 的户数分别是 297 和 41，比例分别为 40.0%和 5.5%。

模型所用相关变量及描述性统计见表 7-3。

表 7-3　模型中各变量选取及描述性统计

变量名称与符号	均值	标准差	最小值	最大值
信贷约束（*credit*）	0.549 1	0.497 9	0	1
政治参与（*politic*）	0.376 9	0.483 8	0	1
是否办理了银行卡（*ATMcard*）	0.601 6	0.529 6	0	1
每月办理业务次数（*savenum*）	0.341 9	0.491 4	0	2
户主性别（*gen*）	0.939 2	0.239 1	0	1
户主年龄（*age*）	45.500 6	8.203 9	24	65
受教育程度（*edu*）	1.883 0	0.750 1	1	4
耕作经验（*exper*）	18.310 9	10.130 8	3	60
健康自评（*health*）	3.185 7	0.780 8	1	4
加入合作社个数（*cooper*）	0.372 7	0.483 8	0	1
与银行最小距离（*distan*）	0.098 6	0.332 1	0	3
耕地面积（*land*）	3.350 7	3.443 1	1	40
总收入水平对数（*totalinc*）	4.853 2	3.475 2	0.2	30.4
总收入（ln*totalinc*）	9 279.02	21 133.66	107.2	303 120
抚州（*fuzhou*）	0.314 9	0.464 8	0	1
吉安（*jian*）	0.332 4	0.471 4	0	1
赣州（*ganzhou*）	0.352 6	0.478 1	0	1

7.4 实证结果及分析

7.4.1 Probit 模型回归结果及分析

表 7-4 为运用 Stata13.0 软件得到的 Probit 模型的回归结果，分析如下：

表 7-4　农户信贷约束影响因素的 Probit 模型回归结果

	系数	标准误	Z 统计量	P 值
政治参与	−0.312 8	0.147 7	−2.12**	0.034
是否有银行卡	−0.950 9	0.106 7	−8.91***	0.000
每月办理业务次数	−1.178 9	0.114 5	−10.29***	0.000
户主性别	0.110 3	0.218 0	0.51	0.613
户主年龄	−0.015 1	0.006 3	−2.39**	0.017
受教育水平	0.000 1	0.074 0	0.00	0.999
耕作经验	0.003 2	0.063 9	0.05	0.960
健康状况	0.013 4	0.005 4	2.50**	0.013
加入合作社个数	−0.183 4	0.161 3	−1.14	0.255
与银行最小距离	0.013 6	0.005 1	2.65***	0.008
耕地面积对数	−0.002 1	0.015 7	−0.13	0.894
总收入对数	−0.025 3	0.041 1	−0.62	0.538
抚州市	−1.230 5	0.170 5	−7.22***	0.000
吉安市	−0.422 1	0.138 8	−3.04***	0.002
_ *cons*	0.645 0	0.504 8	1.29	0.198

注：模型所用样本数为 743，回归模型的准 R^2 值（Pseudo R^2）是 0.217 4，似然比统计量（LR chi2）为 222.33，回归方程的显著度（Prob > chi2）为 0.000 0。***、**、* 分别表示 10%、5%和 1%的显著性水平。

第一，模型的准 R^2 值是 0.217 4，似然比统计量为 222.33，回归方程的显著度为 0.000 0，说明该模型的联合显著性水平很高。

第二，有些控制变量对农户信贷约束的影响并不显著。回归结果显示，负责人性别这一变量对农户信贷约束有正向影响，但不显著，这可能是因为调研的农户中负责人普遍是男性，男性为负责人的农户有 698，占 93.94%，女性仅为 45，比例只有 6.06%。加入合作社的个数与信贷约束不相关，可能的原因是当地合作社的经营规模和效益并没有达到各当事人的预期。回归结果发现耕地面积对信贷约束的影响并不显著，可能的原因是样本农户仍然从事小农经济的生产，居住分散、各自生产为主，农业生产的模型化和专业化程度都非常低。

第三，有些控制变量对农户信贷约束有显著影响。农户负责人年龄、农户整体健康状况显著影响农户信贷约束。年龄变量的系数是负值，说明随着负责人年龄的增长，其受到信贷约束的概率会降低。健康状况变量的系数是正值，说明当农户的整体健康状况越差，该农户受到信贷约束的可能性也就越大。距离变量的系数 0.013 6、P 值为 0.008 表明农户居住地离银行等金融机构越远，其受到信贷约束的可能性也越大，可能的原因在于在农村地区通讯不是特别发达的条件下，资金供求双方的信息沟通和相互了解会受到影响，因此会增加信贷交易成本和交易风险。模型的两个地区虚拟变量的回归系数是负值，并在1%水平上显著，说明相对于赣州市的农户，吉安市和抚州市的农户受到信贷约束的概率明显更低。

第四，政治参与和金融参与这两个关键变量都显著影响农户的信贷约束。政治参与这一变量的系数为负，并通过了 5%水平的检验，说明相对没有政治参与的农户，有政治参与的农户受到的信贷约束的概率会更低，符合前文假设 1 的内容。“是否办理了银行卡”和“每月用银行卡在银行办理业务的次数”这两个变量的系数为负，都在 1%水平下显著，这就表明，农户的金融参与的确能显著缓解农户的信贷约束，这与前文所作的假设 2 相一致。原因在于，农户负责人会办理银行卡就说明对银行的业务及银行卡的使用等都有一定的了解，金融参与能够提升其金融意识，这会促使农户去银行办理业务，而农户负责人每月到银行办理业务的次数越多，银行对农户的了解就会更多，降低了信贷交易成本。

7.4.2 平均边际效应回归结果及分析

通过 Probit 模型的回归系数和 P 值，可以判断各变量对信贷约束的影响，但是 Probit 模型的回归结果只能说明各变量对信贷约束的作用方向，并不能说明各变量对信贷约束的作用程度或大小。要测算各自变量对因变量的影响程度必须测算各变量的边际效应。边际效应的测算方法不尽相同，且采用不同的方法计算的结果也有较大差异，在做政策研究时，相比计算样本均值处的边际效应和在某处的边际效应，计算样本各自变量均值处的边际效应通常更有意义（詹姆斯·H. 斯托克、马克·W. 沃森，2009）。因此，拟采用计算平均边际效应来检验各变量对信贷约束的作用程度。表 7－5 报告了所有变量的平均边际效应。

农户负责人的年龄这一变量的系数为－0.004 6，并通过了 1.7%水平的显著性检验，这一结果表明农户负责人年龄每增长 1 岁，其受到信贷约束的可能性就会下降 0.46%。系数为 0.003 9、P 值为 0.015 说明农户的健康自评降到下一个级别，那么其受到信贷约束的概率就要增加0.39%。“与银行的最小距离”的回归结果揭示了与银行等金融机构的距离每增加1千米，农户受到信贷约束的概率就要增加0.40%。两个地区虚拟变量的回归结果表明，相对于赣州市的农户，抚州市和吉安市的农户受到信贷约束的可能性分别低了39.39%和13.42%。

表7-5　所有解释变量的平均边际效应

	系数	标准误	Z统计量	P值
政治参与	−0.012 5	0.003 5	−3.57***	0.002
是否有银行卡	−0.294 0	0.027 8	−10.58***	0.000
每月办理业务次数	−0.364 8	0.027 4	−13.30***	0.000
户主性别	0.034 2	0.067 0	0.51	0.610
户主年龄	−0.004 6	0.001 9	−2.39**	0.017
受教育水平	0.001 1	0.022 6	0.05	0.960
耕作经验	0.001 7	0.019 6	0.09	0.932
健康状况	0.003 9	0.001 6	2.44**	0.015
加入合作社个数	−0.044 9	0.049 6	0.90	0.366
与银行最小距离	0.004 0	0.001 6	2.61***	0.009
耕地面积对数	−4.66e-06	0.004 8	−0.00	0.999
总收入对数	−1.68e-06	8.84e-07	−1.90*	0.057
抚州市	−0.393 9	0.044 9	−8.78***	0.000
吉安市	−0.134 2	0.041 6	−3.23***	0.001

注：所有解释变量的平均边际效应在Stata 13.0中用命令“margins，dydx（*）”得到。***、**、*分别表示10%、5%和1%的显著性水平。

重点考察农户政治参与和金融参与对信贷约束的影响。“政治参与”的系数为−0.012 5、P值为0.002表明，相比没有任何政治参与行为的农户，有政治参与活动的农户受到信贷约束的可能性要低1.25%，金融参与的两个代理变量的回归结果说明，金融参与对农户信贷约束的影响更加显著。金融参与的两个代理变量均通过了1%水平的显著性水平的检验，“是否有银行卡”这一变量的系数是−0.294 0，说明相比没有办理银行卡业务的农户，能运用银行卡办理相关业务的农户受到信贷约束的概率要低29.4%，可能的原因在于，样本农户中留守在家的负责人大多是老年人，他们使用银行卡的能力有限。鉴于笔者在调研过程中发现，留守在家的居民中居然有近40%的农户从来没有办理过银行卡。“每月用银行卡办理业务的次数”这一变量的系数为−0.364 8，P 值为 0.000，表明农户每月用银行卡在银行办理业务的次数每增加 1 次，其受到信贷约束的可能性就会低 36.48%，说明样本农户能用银行卡并用银行卡办理业务的农户对农户的信贷约束有重大影响，在银行办理银行卡和用银行卡办理业务的次数在一定程度上能够反映农户对银行及其相关业务的了解程度，也关系到银行对农户的熟知程度和信任水平，从而影响农户信贷资金的发放。

7.5 结论与政策建议

利用江西省抽样调查的 743 个有效农户的数据，对样本进行统计整理后表明，约 55%的样本农户受到信贷约束。Probit 模型实证分析了政治参与和金融参与对农户信贷约束有显著影响。样本均值处的边际效应测算结果表明，相比没有任何政治参与行为的农户，有政治参与活动的农户受到信贷约束的概率要低 1.25%。相比没有办理银行卡业务的农户，能运用银行卡办理相关业务的农户受到信贷约束的概率要低 29.4%。农户每月用银行卡在银行办理业务的次数每增加 1 次，其受到信贷约束的概率就会低 36.48%。本章的研究结论对如何缓解农户的信贷约束具有重要的政策含义：提高农户的政治参与和金融参与是缓解农户信贷约束的有效途径。为此，提出以下政策建议：

第一，扩大农户社会网络，提高农户政治参与。既然农户的政治参与有利于缓解其信贷约束，那么就必须要让农民积极实施政治参与行为。社会网络越发达，农户借贷行为越活跃，是缓解其流动性约束的重要手段（马光荣、杨恩艳，2011），社会网络对人们的社会经济地位能够产生巨大的影响力，对提高农户的政治参与有积极意义，这就需要扩大农户社会网络来提高农户的政治参与，让更多的农民有机会参与农村经济和社会发展的各项事务。

第二，增加农户金融意识，增强农户金融参与。金融意识是金融机构及其产品和服务以及等客观存在在人脑中的反映，提高金融意识有助于人们把握金融运行的本质和规律，能够有效增强农户的金融参与。调研中发现，不像城镇居民每个月必须到银行办理业务，样本农户的家庭成员每月去银行办理业务的次数非常少，最多的也只有 2 次，说明样本农户的金融意识急待加强，金融参与急待提高。因此，需要大力发行农村金融通俗读物来增进农民对有关农村金融机构和金融业务知识的了解，加大对农户的金融培训力度，提高移动互联网在农村金融业务中的应用，通过多种途径帮助农户学习或使用有关农村金融知识。

第8章　金融意识和交易成本对农户信贷约束的影响

8.1　引言及文献综述

近年来，虽然我国农村金融发展在深度方面取得了很大的成就，但是金融宽度的改观并不明显（高沛星，2011）。中国农村无论是在储蓄还是信贷两个方面都与全国城市存在较大的差距，农村金融与全国整体金融发展水平的差距在20世纪90年代以后却进一步拉大了（余新平，2010）。现有的农村金融体系使得农村资金大量外流，农村金融的资金供给不足，导致我国农村发展和农民生产经营的资金投入严重不足，“三农”发展受到制约（成思危等，2006）。我国农村金融长期处于供给不足的状态，旺盛的农村金融需求得不到有效满足（陈鸿祥，2011）。截至2009年底，比较严重的城乡金融排斥是我国大部分省份的普遍现象，共有24个省份的金融排斥程度高于全国平均水平（田霖，2011）。很多学者的研究结果都表明，我国大部分地区特别是贫困地区的农户面临着严重的信贷约束（鞠荣华等，2014；王书华等，2014；李岩等，2013；李庆海等，2012；黄祖辉、刘西川，2009；李锐、朱喜，2007；陈锡文，2004）。我国超过70%的农户有借贷需求，50%以上农户的借贷资金金额超过6 500元，农户平均借贷金额超过7 793元，农户平均的信贷资金的缺口最少为4 420元。但我国农村信用社小额信用贷款的实际规模仅为3 000～5 000元，农户未被满足的信贷需求缺口占到其贷款需求总额的56.72%（程郁、罗丹，2013）。而农户信贷的重要性不言而喻：农户信贷中农业生产性信贷水平对农村经济增长、农户收入水平、农户消费支出水平具有较显著的正向作用（尹学群等，2013）；发放农户信贷的收益也令人鼓舞：受到信贷约束的农户的投资回报远远高于未受到排斥的农户，所以应该特别关注那些受到信贷约束的农户（马晓青等，2010）。不难理解，农村地区严重的信贷约束必将制约农民消费水平以及农业生产效率的提高，从而阻碍农村地区的经济增长。

因此，如何缓解农户信贷约束、扩大农户贷款额度进而满足广大农户扩大消费、生产或创业的资金需求，近年来成为困扰农村金融发展的一大难题，也是学术界最为关注的热点问题之一，引起广大学者的广泛关注。徐璋勇和杨贺（2014）的研究表明非农经营性收入、担保及家庭成员的乡村干部身份等与金融机构的信贷供给正相关：农户的非农经营性收入占总收入的比重在10%水平上显著正向影响金融机构的信贷供给，信用社社员身份、曾经有过贷款记录、能够获得亲戚邻里担保以及家中有人担任乡村干部的农户往往更容易获得农村金融机构的贷款。程郁和罗丹（2013）的研究认为家庭存款显著地降低了受信贷约束的程度，女性户主的农户受到较低的总体约束和供给型约束，加强与农村信用社等金融机构的关系能够降低信贷约束。陈博天和夏田（2013）认为增加受教育年限能降低农户受信贷约束的概率，家庭收入越高、经营土地面积越大农户受信贷约束的概率越低，在金融机构具有存款的农户受到信贷约束的可能性相对较低。王静等（2014）通过Logit模型回归得到研究结果：户主性别、受教育程度、家庭成员的社会地位以及家庭收入水平都会影响到农户的信贷约束，是否拥有房屋产权对农户在金融机构的贷款有显著影响，少数民族和有负债的家庭在储蓄方面更可能受到金融排斥，而户主年龄、家庭总人口数、耕地面积对农户的金融排斥的影响并不显著。董晓林等（2010）的研究结果显示，样本地区1/3以上的农户受到信贷约束，信用等级评定的农户还款能力、信用社对担保人的要求等因素对农户信贷约束具有显著影响，金融机构小额信贷的实施显著减少了农户的信贷约束。并得出，欠发达地区实行的小额信贷对缓解农户的信贷约束有着积极的作用。

上述文献资料表明，虽然广大学者对我国农户旺盛的信贷需求以及受到的信贷约束的观点基本一致，但是对于信贷约束的影响因素看法并不一致，有的甚至相互矛盾。主要原因可能在于以下两个方面：第一，各学者采用的样本数据来源差异性较大，第二，所采用的计量方法和变量不尽相同。本章以江西省的样本数据，用Probit模型计算各变量的边际效应，进而考查信贷约束的影响因素和程度，能为我国欠发达地区农村金融发展提供借鉴，对促进农村金融改革、提升农村金融服务及促进农村经济发展等具有一定的现实意义。

8.2 理论分析与研究假设

农户是农村经济中最为基础的经济主体，不仅是生产经营单位，又是生活消费单位。农户既需要资金满足其生产性、商业性需求，也需要资金来满足其生活性需求，因此，金融机构能否对农户发放贷款既会影响农村金融业务的规模和结构，也会影响到农户的生产效率和生活状况。农户的信贷约束是多种因素综合影响的结果，本章拟从以下三个方面来探索农户受到农村金融机构信贷约束的原因。

其一是农户自身禀赋。农户禀赋既包含了农户的家庭成员，也包含了农户天然所拥有的和后天所获得的资源和能力。比如，成员的年龄、教育程度、经历、性格特征、社会网络、信息资源和家庭的经营规模、地理位置、经济状况、经济环境、社会环境等（王宏杰，2011；孔祥智等，2004；等等）。基于金融要素在农村经济发展中发挥着更重要的作用，本章首先从农户禀赋的视角分析农户信贷约束的影响因素，提出以下假设：

假设1：农户的年龄、受教育水平、耕作经验、土地面积及收入水平和信贷约束负相关。年龄越大、受教育水平越高、耕作时间越长、土地面积越多、收入水平越高，受到信贷约束的可能性就越低。

假设2：农户的健康状况与信贷约束正相关。借鉴相关文献，用健康自评来衡量健康状况，用"很好、好、一般、很差"四种情况反映农户负责人及其家庭成员的健康状况，因为如果农户家庭任何一位成员有较大的疾病，就会影响整个家庭的生产生活，特别当有成员有重大疾病时，往往会因病致贫，这就会增加农户对金融机构的信贷需求，但也因为还款能力的削弱增加其信贷约束的概率。反之，若家庭成员的健康状况很好，不仅能降低医疗费用，还能有更好的身体和心态参与生产提高收入，提高还款能力。

假设3：农户家庭成品的政治参与有利于缓解农户的信贷约束。如果农户有任何成员担任人大代表、政协委员或村干部，或有成员是党员（包括各民主党派），说明其自身有一定的文化程度，对社会的认知水平更高，了解并获取金融服务和金融信息的途径更多，金融机构更容易获取其相关信息。这就能够降低信贷交易的成本和风险。

其二是农户的金融意识。金融意识是金融机构及其产品和服务等客观存在在人脑中的反映，金融意识不仅是金融运行的现象的反映，而且是金融运行的本质和规律在人脑中的客观反映；金融意识的能动性表现在金融意识能够反作用于金融机构及其产品和服务等客观事物，通过金融实践促进金融业务的发展。农户金融意识的提高不仅可以帮助农民了解农村金融机构的性质和作用，还能帮助农民通过了解其性质和作用来促进自身的生产效率的提高和生活质量的改善。采用农户的负责人是否拥有金融机构的银行卡和农户家庭成员每月在金融机构存款的次数作为金融意识的代理变量，考察金融意识对农户信贷约束的影响，并做出以下假设：

假设 3：农户是否拥有金融机构的银行卡会影响其信贷约束。这里的银行卡是指农户家庭负责人在金融机构办理的银行卡，可以是与社保或新农保在银行的存折绑定的银行卡，也可以是负责人自己在金融机构办理的储蓄卡或信用卡，不包括其他家庭成员的银行卡。家庭负责人虽然可以单独使用存折在银行进行业务活动，但银行卡能够使金融业务的发生不受银行营业时间、业务受理的等待时长以及营业员服务态度等因素的影响，因此，有些金融机构都设置了 ATM 机方便农民办理业务，尤其是小额存贷业务及汇兑业务。负责人办理了银行卡，意味着农户有更高的金融意识，银行卡对农民的影响最主要的不是业务办理的便利性，而且是农民金融意识的客观反映，办理了银行卡不仅意味着农民了解农村金融机构 ATM 操作规范，也会扩大农民对金融机构其他业务的认知与体会。

假设 4：农户家庭成员每月在金融机构存款的次数影响其信贷约束。农户的家庭成员不仅指主要负责人，也包括在外打工的家庭成员，家庭成员每个月在金融机构的存款即可以是农户负责人自己的收入存放在金融机构，也可以是家庭成员在外打工的收入以汇兑的方式存入该农户在银行的账户，也可以是该账户接受的其他收入如馈赠等。次数越多，意味着农户与金融部门的联系更密切，金融部门对农户的财产情况会更加清楚，这就有利于金融机构甄别贷款的交易成本并降低信贷风险。

其三是农户信贷交易成本。制度经济学理论认为，交易成本的高低会直接影响人们的经济行为，如果经济活动的成本过高，经济合同的签订和履行将会变得更加困难。在信息不对称的情况下，农户和金融机构信贷合约的签订要花费更多的时间和精力，还会面临贷款农户的逆向选择及贷款后的道德风险。因此做出如下假设：

假设 5：金融机构与农户的信贷交易成本越高，农户受到信贷约束的概率就越大。

8.3 计量模型和估计结果

8.3.1 模型设定

本章构建农户信贷约束的 Probit 模型，对主要劳动力仍在从事农业生产的 743 户农户样本进行分析，分析各因素对信贷约束的影响方向及影响程度。

构建影响农户信贷约束的 Probit 模型：

$$\begin{aligned} prob(Y=1 \mid X) &= prob(Y^{*}>0 \mid X) = prob\{[u>-(\alpha+\beta X)]X\} \\ &= 1-\Phi[-(\alpha+\beta X)] = \Phi[(\alpha+\beta X)] \end{aligned} \tag{8-1}$$

式（8-1）中，X 是观测到的自变量，包括前文论述的农户禀赋和农户金融意识等影响因素，为了刻画不同地区之间的比较，设置了地区虚拟变量（把江西省分为南部、中部和北部地区，以南部的赣州为参照），u 是随机扰动项，服从标准正态分布；Φ 为累积标准正态分布函数。Y^{*} 表示不可观测的潜在变量，Y 是调研中实际观测到的因变量，表示农户是否受到信贷约束，为二元选择离散变量（受到信贷约束=1，没有受到信贷约束=0），即：

$$Y=\begin{cases}1，当 Y^{*}>0，农户受到信贷约束\\0，当 Y^{*}<0，农户没有受到信贷约束\end{cases} \tag{8-2}$$

8.3.2　变量说明

（1）因变量

在二项分布的 Probit 模型中，将因变量设置为二元虚拟变量，若农户受到信贷约束，设置为 1，否则为 0。

（2）自变量

将影响农户信贷约束的因素概括为农户禀赋、农户的金融意识以及农户信贷交易成本等三个方面：

①农户禀赋因素。金融机构发放贷款时首要考虑的问题就是信贷风险。农户家庭的总支出水平和总收入水平能在一定程度上分别反映该农户的贷款需求和偿还能力，从而衡量贷款风险。由于金融机构在贷款的评估过程中信息不对称，就必须对农户的家庭及个人做较为全面的了解从而评估农户的贷款偿还能力。农户禀赋是金融机构需要了解的基本信息，农户禀赋包括农户家庭负责人及农户的资源禀赋等因素。选择户主年龄、性别、婚姻状况、受教育水平等作为农户个人资源禀赋因素，把土地面积、农户加入当地合作社的个数、农户健康状况、农户与金融机构的最小距离以及农户家庭成员的总收入等作为农户家庭禀赋因素。

②金融意识因素。当前农户大都在信用社等金融机构有新农保、新农合的储蓄账户，但是能经常用该账户在金融机构进行存款等金融活动行为的农户并不常见，如前文所述，选择“农户是否在金融机构有银行卡”及“农户每月在金融机构存款的次数”作为金融意识的代理变量衡量农户对金融机构及其产品和服务的认知程度，作为关键变量考察对农户信贷约束的影响。

③信贷交易成本因素。交易成本的影响因素有很多，借鉴 Ahlin 等（2010），本章认为最主要的因素是农户与金融机构的距离。因为距离的远近既会影响农户前来办理金融业务的时间，增加农户了解金融机构和金融产品的困难，也会影响金融机构对农户信息的全面了解及贷款使用情况。因此使用“农户与金融机构的最小距离”来衡量农户向金融机构贷款的交易成本。在实际调研的样本农户中，除了居住在乡镇及县（市）的农户与信用社等金融机构较近，不用考虑到金融机构办理业务的时间，还有很多分布在乡镇以外的广大村落的农户，离最近的金融机构的距离比平均的 3.35 千米大得多，最远的竟然达到 40 千米[①]，这就大大增加了农户对信贷产品的认知程度，加大了农户对金融服务的熟悉难度，也增加了金融机构收集农户家庭和个人信息的成本。

计量模型因变量与解释变量选择及处理说明见表 8-1。

表 8-1 各变量选择及处理说明

变 量	变量解释	先验判断
信贷约束（*credit*）	农户是否受到信贷约束（是=1；否=0）	—
户主性别（*gen*）	男=1；女=0	不确定
户主年龄（*age*）	实际岁数（岁）	负向
受教育水平（*edu*）	小学及以下=1；初中=2；高中（中专）=3；大专及以上=4	负向
耕作经验（*exper*）	农户从事农业生产的年数	负向
健康状况（*health*）	很好=1；好=2；一般=3；很差=4	正向
政治参与（*politic*）	是否担任人大代表、政协委员或村干部：是=1；否=0	负向
合作社（*cooper*）	加入合作社个数	负向
与金融机构的最小距离（*distan*）	家庭居住地与信用社的最小距离（千米）	正向
土地面积（*land*）	家庭总土地面积（亩）	负向
总收入（*totalinc*）	农户所有成员的总收入（元）	负向
是否有储蓄卡（*ATMcard*）	负责人是否拥有银行卡（是=1；否=0）	负向
每月存款次数（*avenum*）	家庭成员每月到银行存钱的次数	负向
抚州（*fuzhou*）	地区虚拟变量（抚州市=1，其他地区=0）	不确定
吉安（*jian*）	地区虚拟变量（吉安市=1，其他地区=0）	不确定
赣州（*ganzhou*）	地区虚拟变量（赣州市=1，其他地区=0）	不确定

① 是当地居民的习惯叫法，不一定特指精确的 40 千米。

8.3.3　数据来源

本章所用数据同第四章一样，采用 2013 年暑假期间对位于江西省赣州市、吉安市和抚州市三地区的 34 个县共 918 个样本的随机调查。实际收回问卷 916 份，根据研究需要对所有数据进行了审核，剔除缺失与课题研究有关的关键数据的问卷 44 份，最终得到有效样本数为 872 份，有效样本率为 94.99%。为充分反映在主要劳动力还在农村进行生产活动的农户的信贷约束状况并揭示受到信贷约束的因素，和前面有关章节一样，把家庭主要劳动力均在外地打工的 129 个样本农户剔除，得到与本章研究更为相关的样本 743 份。其中，赣州、吉安、抚州分别为 348、211 和 184 份，赣州市在江西省的人口最多，调研的农户多些。另外，相对吉安和抚州，赣州农户主要劳动力都在外打工的数量相对较小，因此，本章所用的样本数中赣州最多，占总农户数的 46.8%，吉安和抚州样本占比分别为 28.4%和 24.7%。本章所用的调研数据主要为农户的信贷约束状况、农户禀赋、农户金融意识以及农户信贷交易成本等。

8.3.4　变量的描述性统计

本章考察农户信贷约束的影响因素，信贷约束为计量模型的因变量，对信贷约束的甄别思路及结果与前面相关章节是一致的，为了让读者的思路保持一致，把农户信贷约束状况集中展示于表 8－2 中。

表 8－2　种植业农户信贷约束状况

单位：户

地区	信贷约束			无信贷约束		总计
	部分数量约束	完全数量约束	成本及风险约束	得到所需贷款	无贷款意愿	
赣州	21	47	112	121	47	348
吉安	25	23	67	75	21	211
抚州	18	17	78	57	14	184
总计	64（8.61%）	87（11.71%）	257（34.59%）	253（34.05%）	82（11.04%）	743（100%）
	408（54.91%）			335（45.09%）		

自变量的描述性统计特征具体描述如下：

农户禀赋变量的统计特征。农户的年龄、受教育水平、收入水平、土地面积及耕作经验为：家庭主要负责人的平均年龄为 42.6 岁，年龄主要在 41～50

岁之间，这部分比例占样本总额的48.2%；85.6%的农户文化水平在初中以下，大专及以上文化程度者总共为20人，比例仅为2.7%；样本农户家庭成员总收入的平均水平为9 279元①，收入结构中种植业收入最多，达到7 416元，所占比例为79.92%。样本农户平均的样本农户平均耕种的土地面积为4.85亩，土地面积小于5亩的农户共计428户，占总体样本的57.6%，土地面积大于10亩以上的农户有65户，约占样本总数的7.8%。样本农户的平均耕作经验大约为18年，说明进行农业生产的劳动者年龄偏大，其中从事农业生产达20年以上的农户的比例为44.4%。

信贷交易成本的统计特征。农户与金融机构的最小距离的平均值为3.35千米，71.3%（530/743）的农户与金融机构的最小距离是3千米以内，最小距离有10千米以上的农户数量是59户，占样本总数的7.9%，说明还有不少农户的居住地距离乡镇比较远。

样本农户的部分禀赋特征如图8-1所示。

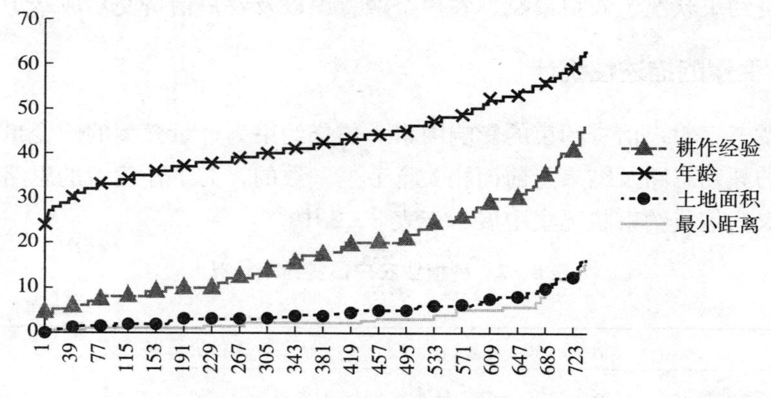

图8-1　样本农户的农户禀赋

农户金融意识的基本特征。样本农户的家庭负责人在银行（主要是信用社）办理了银行卡的总数为447户，占样本总数的60.16%，另外39.84%的农户负责人（共计296户）没有使用银行卡（图8-2）。样本农户每月向金融机构存款次数为0的最多，达到405户，超过了一半，占样本总数的54.51%，每月存款次数为1的农户数为297户，占39.97%，次数为2的有41户，占5.52%（图8-3）。

① 不仅包括种植业收入，还包括养殖业收入以及家庭成员的打工收入等。

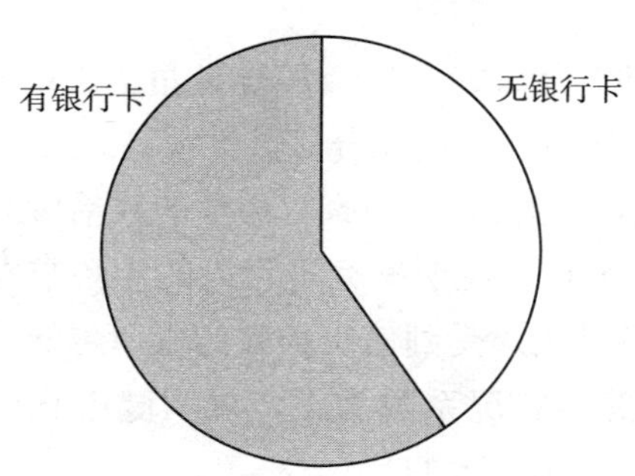

图 8-2　负责人是否有银行卡

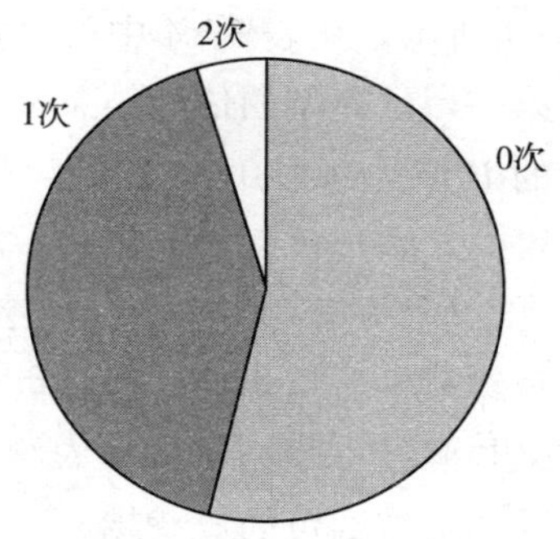

图 8-3　农户每月存款次数

本章所用主要变量的特征值的描述性统计见表 8-3。

表 8-3　模型中各变量选取及描述性统计

变量名称与符号	均值	标准差	最小值	最大值
信贷约束（*credit*）	0.549 125 2	0.497 916	0	1
户主性别（*gen*）	0.939 234 7	0.239 136 9	0	1
户主年龄（*age*）	45.500 63	8.203 925	24	65
受教育水平（*edu*）	1.883 049	0.750 139 3	1	4
耕作经验（*exper*）	18.310 86	10.130 84	3	60
健康自评（*health*）	3.185 724	0.780 817	1	4
政治参与（*politic*）	0.372 740 6	0.483 823	0	1
加入合作社个数（*cooper*）	0.098 550 3	0.332 084 3	0	3
与信用社最小距离（*distan*）	3.350 75	3.443 14	1	40
土地面积（*land*）	4.853 23	3.475 18	0.2	30.4
总收入（*totalinc*）	9 279.017	21 133.66	107.2	303 120
总收入对数（ln*totalinc*）	7.765 711	1.477 69	4.674 7	12.621 9
是否有银行卡（*ATMcard*）	0.601 615 1	0.529 555 1	0	1
每月存款次数（*savenum*）	0.341 857 3	0.491 392 5	0	2
抚州（*fuzhou*）	0.314 939 4	0.464 804 6	0	1
吉安（*jian*）	0.332 436 1	0.471 403 7	0	1
赣州（*ganzhou*）	0.352 624 5	0.478 108 9	0	1

8.3.5　实证结果分析

根据调查所收集到的数据，运用 Stata12 软件进行回归分析，回归结果如

表 8-4 所示，从表 8-4 中可以发现：

第一，从模型的估计结果来看，准 R^2 为 0.217 4，LR 统计量为 222.33，对应的 P 值为 0.000 0，因此，整个方程所有系数的联合显著性很高。

第二，农户负责人的年龄、农户的整体健康状况和家庭成员的政治参与通过了 5%水平的显著性检验。年龄的系数为负，说明家庭负责人的年龄与农户的信贷约束显著负相关，即，负责人年龄越大，受到信贷约束的概率越低，这个结果与假设 1 是相符的。农户的整体健康状况系数为正，说明健康状况越差，受到信贷约束的概率越大，这与假设 2 是一致的。

衡量金融意识的两个变量均通过了 1%水平的显著性检验，两者系数都为负，符合前文假设 3 和假设 4 的内容，说明家庭负责人办理并使用了银行卡能够缓解信贷约束，农户每个月在银行存款的次数越多，受到信贷约束的概率就会越低。说明农户的金融意识越高，农户对金融机构及其产品和服务就越了解，获得贷款的概率就越大。农户每月到金融机构存款能够增加农户与金融机构的“社会资本”，因为农户的金融活动可以让金融机构对农户增加了解和增进信任，从而降低交易成本和交易风险。而且，农户每月到金融机构存款次数越多，金融机构能够获得的可贷资金就越多，对农户发放贷款的概率就会相应增加。

衡量农户信贷交易成本的变量的统计结果分析。农户居住地距离信用社的最小距离这一变量与农户的信贷约束正相关，并通过了 1%水平的显著性检验，说明距离越大，受到信贷约束的概率越大。这一结果与前文的假设 5 是一致的，说明农户的居住地与信用社等金融机构的距离会显著影响农户信贷的可获得性，可能的原因在于距离越远，了解信用社相关信息、到信用社办理业务就会越麻烦，这就增加了农户的信贷交易成本。

通过了 1%水平显著性检验的还有两个地区虚拟变量，系数都为负，说明相对赣州市，吉安市和抚州市的农户受到信贷约束的可能性更低。

第三，对农户信贷约束影响不显著的因素有农户负责人的性别、受教育程度、农户加入合作社的个数、土地面积以及家庭成员的总收入。农户家庭主要负责人的性别与农户的信贷约束正相关，但 $P>|z|$ 为 0.613，该影响并不显著，可能的原因在于样本农户中男性负责人的比例过大，这一比例达到 93.94%（698/743），女性人数仅为 45，女性比例只有 6.06%。表明男性在行为决策中的主要影响力在样本农户中趋于一致。农户加入合作社的个数与信贷约束不相关，这与一般经验解释不一样，可能的原因是当地农户参与的合作社

的经营规模和效益并没有如农户及金融机构所期望的那样有效。土地面积对信贷约束影响不显著的原因可能在于样本农户的土地较为分散，并没有进行模型经营，另外，土地确权工作还有待于进一步推进并完善，土地经营权的流转也没有达到政策所期待的效果。

表 8-4　模型估计结果

Probit regression					Number of obs	= 743
					LR chi2 (14)	= 222.33
					Prob > chi2	= 0.000 0
Log likelihood =−400.250 42					Pseudo *R*2	= 0.217 4
credit	Coef.	Std. Err.	*z*	*P*>|*z*|	[95% Conf. Interval]	
gender	0.110 251 6	0.218 044 8	0.51	0.613	−0.317 108 3	0.537 611 5
age	−0.015 069 3	0.006 298 7	−2.39	0.017	0.002 724 1	0.027 414 5
edu	0.000 137 5	0.074 012 3	0.00	0.999	−0.144 923 9	0.145 198 9
exper	0.003 206 4	0.063 850 3	0.05	0.960	−0.121 937 9	0.128 350 8
health	0.013 401 9	0.005 365 8	2.50	0.013	0.002 885 2	0.023 918 6
politic	−0.312 851	0.147 654 6	−2.12	0.034	0.023 453 3	0.602 248 7
cooper	−0.183 426 6	0.161 294 5	−1.14	0.255	−0.132 704 7	0.499 557 9
distan	0.013 610 7	0.005 133 8	2.65	0.008	−0.023 672 8	−0.003 548 6
land	−0.002 095 4	0.015 665 3	−0.13	0.894	−0.028 608 1	0.032 798 8
ln*totalinc*	−0.025 331 5	0.041 139 2	−0.62	0.538	−0.055 3	0.105 962 9
ATMcard	−0.950 586 9	0.106 655 9	−8.91	0.000	−1.159 629	−0.741 545 2
savenum	−1.178 937	0.114 545 4	−10.29	0.000	−1.403 442	−0.954 432 7
fuzhou	−1.230 472	0.170 526 4	−7.22	0.000	−1.564 698	−0.896 246 7
jian	−0.422 117	0.138 846 6	−3.04	0.002	−0.694 251 3	−0.149 982 7
_*cons*	0.649 959 4	0.504 810 7	1.29	0.198	−0.339 451 3	1.639 37

Probit 模型的系数估计值通过 z 值影响因变量，但是该回归系数能够得到的结论只是某自变量与因变量的作用方向（即正、负相关关系），并不能说明自变量对因变量的作用大小，要得到自变量对因变量的影响程度必须计算各变量的边际效应①。常用的边际效应概念包括平均边际效应、样本均值处的边际效应和在某代表处的边际效应，这三种边际效应的计算结果可能有较大差异。

① 詹姆斯・H. 斯托克，马克・W. 沃森．计量经济学［M］．第 2 版．上海：格致出版社，2009：293.

对于政策分析而言，使用样本均值处的边际效应通常更有意义①。因此，本章使用平均边际效应来衡量各个解释变量对信贷约束的影响。

各个解释变量的平均边际效应如表 8－5 所示。

表 8－5　所有解释变量的平均边际效应

	dy/dx	Std. Err.	z	$P>\|z\|$	[95% Conf. Interval]	
gender	0.034 171 2	0.066 953 9	0.51	0.610	−0.097 056	0.165 398 3
age	−0.004 556 6	0.001 905 5	−2.39	0.017	0.000 821 9	0.008 291 4
edu	0.001 127 4	0.022 641 2	0.05	0.960	−0.045 503 4	0.043 248 6
exper	0.001 680 4	0.019 613 3	0.09	0.932	−0.040 121 8	0.036 761
health	0.003 950 6	0.001 622 3	2.44	0.015	0.000 770 9	0.007 130 3
politic	−0.012 539 1	0.003 509 14	−0.036	0.072	−0.056 238 7	0.081 316 9
cooper	−0.044 878 8	0.049 635 8	0.90	0.366	−0.052 405 5	0.142 163 2
distan	0.004 041 2	0.001 550 4	2.61	0.009	−0.007 079 8	−0.001 002 2
land	−4.66e−06	0.004 750 5	−0.00	0.999	−0.009 315 5	0.009 306 1
lntotalinc	−1.68e−06	8.84e−07	−1.90	0.057	−5.32e−08	3.41e−06
ATMcard	−0.294 004 5	0.027 792	−10.58	0.000	−0.348 475 7	−0.239 533 3
savenum	−0.364 785 6	0.027 419 3	−13.30	0.000	−0.418 526 3	−0.311 044 8
fuzhou	−0.393 878 7	0.044 871 1	−8.78	0.000	−0.481 824 4	−0.305 933
jian	−0.134 193 9	0.041 561 7	−3.23	0.001	−0.215 653 3	−0.052 734 5

通过表 8－5 分析通过显著性检验变量的边际效应。先分析农户禀赋变量的影响效应。负责人年龄通过了 1.7%水平的显著性检验，系数为−0.004 6，说明农户负责人的年龄每增加一岁，农户受到信贷约束的概率就会降低 0.46%。农户整体健康状况每下降一个等级，受到信贷约束的概率就会增加 0.39%。相比家庭成员中没有政治参与行为的农户，有政治参与的农户受到信贷约束的概率要低 1.3%。相比农户禀赋，金融意识变量的影响效应要明显得多，两个变量通过了 1%水平的显著性水平的检验，系数−0.294 0 表明，相对于没有办理银行卡业务的农户，会应用银行卡业务的农户受到信贷约束的概率要低 29.40%；系数−0.364 8 说明，农户每月在银行存款的次数每增加一次，受到信贷约束的概率要低 36.48%。农户信贷交易成本的影响效应表现为

① 陈强．高级计量经济学及 Stata 应用［M］．第 2 版．北京：高等教育出版社，2014：171.

农户居住地与金融机构的最小距离每增加 1 千米，受到信贷约束的可能性就会增加 0.40%。另外，虚拟变量的统计结果显示，相比赣州的农户，抚州和吉安的农户受到信贷约束的比率分别要低 39.39%和 13.42%。

8.4　本章小结

本章首先对抽样调查的 743 个有效农户样本数据的统计分析得出农户的信贷约束状况，再从农户禀赋、农户金融意识以及信贷交易成本三个方面用 Probit 模型实证分析了农户信贷约束的影响因素。实证结果表明，农户负责人的年龄与信贷约束显著负相关，年龄越大，受到信贷约束的概率越低；农户的整体健康状况与信贷约束显著正相关，说明健康状况越差，受到信贷约束的概率越大；农户居住地距离信用社的最小距离这一变量与农户的信贷约束正相关，说明距离越大，受到信贷约束的概率越大。衡量金融意识的两个变量均通过了 1%水平的显著性检验，两者系数都为负，说明相对于没有办理银行卡的农户，办理了银行卡的农户受到信贷约束的概率更低；农户每个月在银行存款的次数越多，受到信贷约束的概率就会越低。两个地区虚拟变量的统计结果表明相对赣州市，吉安市和抚州市农户受到信贷约束的概率更低。本章不仅论证了各变量对信贷约束的作用方向，还通过计算边际效应得到各变量对农户信贷约束的影响程度，结果表明，农户负责人年龄每增加一岁，农户受到信贷约束的概率就会降低 0.46%。农户整体健康状况每下降一个等级，受到信贷约束的几率就会增加 0.39%。相比家庭成员中没有政治参与行为的农户，有政治参与的农户受到信贷约束的概率要低 1.3%。农户居住地与金融机构的最小距离每增加 1 千米，受到信贷约束的可能性就会增加 0.40%。相对于没有办理银行卡业务的农户，会使用银行卡业务的农户受到信贷约束的概率要低 29.40%；农户每月在银行存款的次数每增加一次，受到信贷约束的概率要低 36.48%。另外，相比赣州的农户，抚州和吉安的农户受到信贷约束的比率分别要低 39.39%和 13.42%。以上研究结论表明，改善农户的健康状况、提高农户金融意识以及降低农户信贷交易成本是缓解农户信贷约束的有效途径。

第 9 章　农户信贷约束的缓解路径

基于前面章节论证的“农户受到较严重的需求型信贷约束”、“信贷约束对低收入农户和较低收入农户有显著负向影响”以及“改善农户的健康状况、提高金融意识以及降低信贷交易成本是缓解农户信贷约束的有效途径”等研究结论，本章探讨农户信贷约束的缓解路径。首先从微型金融的视角探索缓解贫困农户信贷约束的有效实施路径。另外，因为农户信贷约束的类型不仅有需求型信贷约束，还有供给型信贷约束，因此，本章还从供给的角度，从发展微型金融的视角研究农户信贷约束的缓解路径。

9.1　充分发挥农户禀赋

9.1.1　提高农户金融意识

样本农户的金融意识总体上较为淡薄。对江西省样本农户的调研中发现，很多农户对金融机构及其产品和服务都不甚了解，有的农户虽然有些了解但并不是非常清楚，就会认为就算申请了也申请不到贷款，这些问题导致很多农户本身就没有向金融机构贷款的意愿和行为。另外，信贷风险的存在可能是因为多数农民仍然是风险厌恶型，农户自身很难科学合理地评估借贷成本和收益。从样本农户受到信贷约束的原因分析来看，因借贷风险和借贷成本受到信贷约束的农户的比例最大，占信贷约束农户总数的 62.99%，说明农户信贷约束也有自身金融意识较差的原因。

样本农户金融意识较为淡薄导致的后果。在上一年收入水平一定的条件下，很多农户都受“有多少钱办多大事”思想的影响，那么维持并提高相应的消费水平必然对农业生产的资金投入产生“挤出效应”。结果就是：受到资金约束的农户往往在农业生产中不得不购买更便宜的种子、更少量的农药和化肥，扭曲了的农业生产要素投入配置不可能达到最优或更优的产出，农村金融机构对农业生产的金融支持有助于农业生产效率的“帕累托优化”。当更多的农户从金融机构获得更多的资金以更合理的要素投入比例进行农业生产时，农户的生产效率就会相应提高，收入增加又反过来提高了农户的还款能力，金融机构对农户发放贷款的概率就会增加。

提高农户金融意识缓解信贷约束的政策建议：第一，扩大农户银行卡的使用范围。金融机构需要努力拓展农民的金融业务，扩大金融知识的宣传，让更多的农户了解农村金融机构及其产品，增加农民的金融活动。在调研中发现，很多信用社都安装了ATM机以方便农民办理业务，但是平时在家务农的都是年纪较大的农民，受到文化水平或生活习惯等影响，有的农民不会用，有的农民不想用，ATM机并没有发挥其最大效用。也曾有农民想办理银行卡，银行工作人员发现要教会一些农民特别是年龄较大的农民使用银行卡实在太费时费力，就不愿为其办理银行卡。另一个原因是现阶段农民往往都有农保，在银行办理过存折，因此认为没有必要再办理银行卡。因此需要在农村地区充分发挥银行卡的优势，大力推广银行卡。第二，增加农户在金融机构的存款次数。金融机构可以用悬挂图片或发放传单等方式多宣传银行卡的使用方法最终让更多的农户了解使用方法，这样不仅能方便农民办理业务，更主要的是能让农民有一种新的生活方式：把暂时不用的钱都存到银行，而不是自己保管，需要用钱时再到银行提取。如果这种新的生活方式能够形成，那么就能增加农民在银行的存款次数，这不仅有利于银行吸收存款，也有利于银行了解农民的经济状况从而甄别信贷风险缓解信贷约束。第三，提高农村消费信贷需求。从样本农户的消费支出结构来看，食品是农户消费最主要的部分，达到45.38%，远远超过了2013年我国恩格尔系数37.9%的平均水平。排在第二至第中位的是住房、教育和医疗保健，分别为13.33%、11.94%和10.5%，都超过了10%，说明这三种支出也是农户最大的支出项目，是农户消费性信贷的主要用途。因此，农村金融机构要积极宣传住房消费贷款、教育助学贷款和医疗保健类信贷产品，帮助农户了解更多的金融产品，以提高农户信贷需求。

总之，要降低需求型信贷约束发生的概率就必须尽可能地全面提高农户自身的金融意识。

9.1.2 改善农户健康状况

前文的实证研究用健康自评来衡量健康状况，用“很好、好、一般、很差”四种情况反映农户负责人及其家庭成员的健康状况。研究结果显示，农户的健康状况系数为正，说明健康状况越差，受到信贷约束的概率越大。因此，改善农户的健康状况是缓解农户信贷约束的有效途径。改善农户健康状况，缓解农户信贷约束的作用机理解释如下：

健康作为资本品，既能增加也能降低农民的生产力水平，农民健康受影响会减少劳动时间，使人们的工作能力下降。健康的价值在于它是人类发展的首要目标之一，对经济发展有重要的促进作用，深入理解健康的价值和影响因素能更好地推动人类发展进程（王曲，2005）。世界银行（2007）曾经指出，HIV/AIDS、疟疾、肺结核等疾病使得人们工作能力下降，导致的死亡减少了青壮年劳动力数量，从而使得农业生产率大幅下降。改善农民的医疗卫生条件将会极大地增加这些地方农民的收入水平（张车伟，2003）。

然而，大多数发展中国家对健康状况对缓解农户信贷约束所起的基础性作用认识不足。健康状况缓解农户信贷约束的作用机理概述如下：如果农户家庭任何一位成员有较大的疾病，就会影响整个家庭的生产生活，特别当有成员有重大疾病时，往往会因病致贫，这就会增加农户对金融机构的信贷需求，但也因为还款能力的削弱增加其信贷约束的概率。反之，若家庭成员的健康状况很好，不仅能降低医疗费用，还能有更好的身体和心态参与生产提高收入，提高还款能力。健康状况影响农户信贷约束不仅因为疾病的医疗及康复会导致农户因病致贫，还因为身体状况不佳影响农业生产的劳动力投入数量和劳动力的生产效率，从而影响农户的预期收入，降低农户正规信贷的可获性。

9.1.3 扩大农户政治参与

前文的实证研究结论表明，农户的政治参与有利于缓解其信贷约束，那么就必须要让农民积极实施政治参与行为。政治参与和农户的社会网络关系密切，两者相辅相成，政治参与行为能促进农户的社会网络，社会网络的提高也能促进农户政治参与行为。社会网络越发达，农户借贷行为越活跃，是缓解其流动性约束的重要手段（马光荣、杨恩艳，2011），社会网络对人们的社会经济地位能够产生巨大的影响力，对提高农户的政治参与有积极意义，这就需要增强农户社会网络来扩大农户的政治参与，让更多的农民有机会参与农村经济和社会发展的各项事务。

9.2 努力降低农户信贷交易成本

9.2.1 信贷交易成本对农户信贷约束的影响效应

前文用“农户与金融机构的最小距离”作为农户信贷交易成本的代理变

量，实证结果为，农户居住地与金融机构的最小距离每增加1千米，受到信贷约束的可能性就会增加0.40%。这就表明，缩小农户与金融机构的距离能够缓解农户信贷约束，因为实际调研表明农户与金融机构的最小距离的平均值为3.35千米，样本农户中居住地相对分散，有的农民居住地与乡镇仍比较远，在调研中发现，很多地方的金融网点分布在乡镇所在地，农民的金融业务都必须到乡镇办理，农村金融服务的“最后一公里”现象并不少见，偏远地区找不到一家银行网点的情况屡见不鲜。说明还有不少农户的居住地距离乡镇比较远。金融机构能在经营成本和人力资源等全盘考量下，把营业网点进一步深入，势必能有效缓解农户信贷约束。农户与金融机构的最小距离衡量的是交易成本的高低，该研究结果的重要启示是，首先充分明白降低交易成本缓解信贷约束的作用机理，进而采取相应的政策措施。

9.2.2　降低交易成本缓解农户信贷约束的作用机理

Oliver. E. Williamson（1998）界定的交易成本包括合同签订之前和签订之后的交易费用，主要包括谈判、草拟合同所产生的成本以及确保合同履行所付出的保证成本和维护制度运行的成本。为了增进了解和信任，交易双方还要获取更多的信息才能达成协议，另外，交易双方还要监督对方是否按照合同所订立的条款来履行其责任。如果对方没有按规定履行合同，就要通知对方作出调整，这时监管费用就会增加。根据上述理论结合样本农户的信贷交易情况，本部分内容所指的交易成本围绕农户信贷合同的签订、履行、控制、监督管理等环节而耗费的人力、物力、财力等资源而展开研究，其中最主要的是产生于农户信贷合同签订前的信息搜集、甄别成本和契约签订后的保证、维护成本，分别概括为信息成本和监管成本。以下具体说明这两种交易成本的具体构成并阐释两种成本对缓解农户信贷约束的作用机理。

第一，信息成本的构成及其对农户信贷约束的缓解机理。农户信贷约束的主要原因在于信贷资金供求双方的信息不对称所引发的逆向选择和道德风险，这就要求金融机构充分了解相关信息并证实这些信息的真伪，从而提高了农户信贷交易成本。信息成本越高，农户信贷越难发放。农村金融机构为了评判农户信贷业务的风险和成本，就必须对农户进行充分的贷前调查，调查内容主要包括：农户负责人的身份、农户收入状况、借款用途、资信状况等；发放担保贷款时农户的保证人的担保资格和收入状况；抵押贷款时抵押物的合法性、合理性等情况。信息甄别的必要性在于金融机构要对农户的众多信息加以鉴别，尽量找出真实可靠的信息。这些信息越真、获取所花费的时间越少，金融机构的贷款风险就越小，成本就越低，就越有利于农户信贷的发放。另一方面，农户还需要详细了解贷款利率、还款期限、是否需要担保以及抵押品的规定和相关处理等方面的信息。农户获取的这些信息越真、所花费的时间越少，信息成本就越低，农户就越有可能获得贷款。

第二，监管费用的构成及其对农户信贷约束的缓解机理。农户信贷的监管费用包括贷前调查、贷时审查和贷后检查时所引起的费用。但最主要的是贷后检查时所发生的成本，因为贷前调查时的监督可以在贷前信息搜集和甄别的信息成本中体现，而贷时审查的监管费用在农户信贷业务中相对较少，现在着重分析金融机构在发放贷款后为保证贷款能按期收回而进行的贷后监管产生的费用。主要监管活动有：第一，农户负责人的变动。如农户负责人的流动、变更、死亡等。第二，农户生产经营业务的变动。如资金的实际用途、经营业绩等情况。第三，农户家庭总收入的变动情况。如农户的资产状况、有无按期还本付息等。

农户信贷合约的监管费用的高低与信贷约束呈正相关。相比其他类型的信贷业务，农户信贷有其自身的特点，如规模较小、农户较分散，因而监管成本更高。农户信贷合同签订后的资金流向可能会因为农户的道德风险、资金的资产专用性属性而随时发生改变，资金的使用效果会因农户的知识水平偏低而下降，即使农户获得贷款后达到了预期收益，也有可能产生策略性违约。另外，农户往往缺乏抵押品或担保物，金融机构难以对不能按时还款以及最终违约的农户形成有力地约束，这就要求金融机构对农户的生产经营情况进行追踪调查和检查，了解贷款有没有按规定合理使用或者使用不当，导致风险加大，了解农户有没有采取相应的补救措施来防范和化解风险。这就需要金融机构不断完善监管制度，包括组织相关人员对所发放的农户贷款进行定期检查，并且对贷后检查监督工作给予合适的奖惩。农户信贷中应当尽量减少金融机构的监管成本，从而缓解农户信贷约束。

9.2.3 降低交易成本缓解农户信贷约束的政策建议

第一，创建农村信息共享平台，降低金融机构的信息搜集和甄别成本。要缓解农户信贷约束，降低信息成本是关键。要使金融机构更便捷地搜集和甄别信息，当务之急是加快创建农户信息的共享平台。当前，不少部门因为工作的需要都掌握了很多农户的相应信息，如计生办、派出所等；一些业务的开展

（如新农合）也有很多真实的农户资料。农村信息共享平台的构建应该先把现有的农户基本信息进行整合，通过建设农村信息资源网或者农村档案数字化信息中心达到共享。要达到这个目的，首先，由当地政府牵头，公安、民政、人口计生、卫生等相关部门加强协调与配合。其次，在人力、物力、财力上适当倾斜，使平台创建的各项工作能够有序开展。再次，做好农户数据维护工作，定时更新数据，加强检查和审核，确保信息交换及时、准确、有效。最后，制定、落实防范安全措施，严格保护共享信息以免泄露，确保数据及网络安全。

第二，大力发展农户社会资本，缓解农户信贷约束。社会资本存在于人与人的交往或人与人的关系之中，信贷资金供求主体之间的社会资本水平越高，农村金融交易的信息成本就更低。首先，农户社会资本的提高，人与人之间就会更加熟悉和信任，这就有利于农村金融机构对农户的认知度的提高，不仅减少了农户信息搜集的难度，还提高了信息的准确度，在信息充分的条件下，金融机构甄别优质客户的时间成本得以减少、效率得以提高。其次，农户社会资本的提高有利于促进不同农户之间的相互融合和农户行为方式的规范。再次，农户社会资本的提高可以改善农村信贷基础设施，促进金融通讯、网络的发展从而降低交易成本，提高信贷合约的签订和履行效率。鉴于农户社会资本的发展有助于解决信贷信息不对称问题，农村金融机构可以采取多种措施发展社会资本，如建立村级贷款业务办事处、指定村镇信贷工作人员；评选“优质信贷客户”树立典型扩大社会影响；定期在村镇举行讲座，普及金融知识以增加农户的相互交流等。

第三，加强农户信用体系建设，缓解农户信贷约束。农户信用体系的建设和完善，有利于降低农村金融机构的监管费用。应加快建立农户“信用银行”，加强对农户的信用评级，根据其信用等级实施不同的激励机制和惩罚机制（如信用等级低的客户可以提高贷款利率、没收抵押品或者将其行为公开影响其社会名誉等）。通过提高农户的信用等级，减少监管活动，增加农户贷款的发放。

9.3　大力发展微型金融

市场失灵是供需双方相互作用的结果，单从一个方面显然不能科学地解决问题。本书第3章得到的结论“农户受到供给型信贷约束”说明解决农户信贷市场失灵不仅要考虑到需求方的农户，也要充分考虑农户信贷资金的供给主体的市场行为。本书第4章的研究结论“信贷约束对贫困农户和较贫困农户的收入水平有显著负向影响”说明需要探寻能够较好地解决低收入和较低收入的金融服务来缓解农户的信贷约束。微型金融[①]作为金融服务的制度创新具有为穷人进入信贷市场提供平等机会和促进农村信贷市场发展的潜力，能够有效缓解农民信贷约束问题。因此，本部分内容基于微型金融理论分析发展微型金融缓解农户信贷约束的作用机理和政策建议。

9.3.1 发展微型金融缓解农户信贷约束的经验借鉴和现实基础

1976 年，在孟加拉的农村进行考察时，尤纳斯博士发现当地的贫穷程度远远超出了他的想像，于是把随身携带的 27 美元借给了当地的 42 个妇女，从此开始了微型金融的发展，如今尤纳斯博士成立的格莱珉银行（Grameen Bank）现已在 37 个不同的国家和地区成立了分支机构，累计发放贷款 87 亿美元（Bruton et al.，2011）。为低收入人群提供信贷支持的微型金融在全世界范围内广受欢迎，美国、印度、印度尼西亚、巴西、肯尼亚等国家的 3 350 个微型金融机构[②]的 1.548 亿个分支机构都在发展微型金融业务（Ahlin et al.，2010）。虽然农户特别是贫困农户因为收入不稳定以及缺少抵押品等原因无法从金融机构获得贷款，但是也有勤劳以及富于生产力等特点，如果利率等贷款方式适当，这些农户也具备还款能力（Courts，2008）。为了改善贫困农户的信贷需求，世界银行联合其他国际组织于 1996 年设立了微型金融扶贫协商小组（CGAP），联合国为了促进千年发展目标的实现，把 2005 年定为“国际小额信贷年”。发展微型金融缓解农户的信贷约束已成为这些国际组织的普遍共识。国际范围内的巨大成功说明发展微型金融缓解农户信贷约束是政府制定相关政策的科学依据。

江西省发展微型金融具备了良好的金融基础。江西农村信用社最早在全国推出农户小额信用贷款，到 2013 年底，全省共有 2 435 万农户从信用社获得了小额农贷产品的支持，该产品还顺利通过了 ISO9001 国际质量体系认证，

① 微型金融是在小额信贷的基础上发展起来的，是指对低收入群体、贫困群体或微小企业提供的一揽子的金融服务，包括小额信贷、小额储蓄服务、小额保险、小额租赁和小额支付交易等。在我国当前的理论和实践中，微型金融和小额贷款往往通用。农村微型金融则是指为解决农村金融发展滞后、广大农民特别是贫困农户难以获得金融服务而兴起的金融形式。

② 微型金融机构（Microfinance Institutions，MFIs）是提供微型金融服务的机构，即致力于帮助小企业 、穷人和贫困家庭获得金融服务的金融机构。在我国现阶段主要是以农业银行扶贫贴息开展的微型金融项目，农村信用社微型金融项目和小额贷款公司、村镇银行、农村资金互助社、邮政储蓄银行等开展的商业性微型金融信贷业务。

成为全国农村信用社系统内首个通过国际质量认证的金融产品[①]。2012年末，江西农信社农业贷款余额为1 541.00亿元，占各项贷款余额的81.36%，比年初净增329.00亿元，增长了27.10%，新增农业贷款占新增贷款的88.92%。江西省农户信贷发放模式经过不断创新和实践，探索出一条惠农、强农、富农的行之有效的新模式，即“婺源模式”。到2011年末，该县已为县内7.4万户农户建立了信用档案，授信额度达10.83亿元，农户小额信用贷款余额已达6.48亿元，十年来累计发放35.77亿元，为当地农民增收致富及农业转型发展等做出了积极的贡献。农信社的实践经验说明增加农户的信贷供给是可行的，是现实所需要的。鉴于小额信贷是微型金融的重要组成部分，这些成功的实践将为微型金融服务在苏区的开展提供良好的经验借鉴。

9.3.2　微型金融发展缓解农户信贷约束的作用机理

金融支持能够帮助农户增加生产经营的初始禀赋从而提高农户的收入水平。团体贷款是微型金融理论的核心，通过“连带责任”这一静态激励机制以及动态的“停贷威胁”、“递增贷款”、“组内次序贷款”以及“频繁分期还款”等动态机制，解决了农户信贷中金融机构和农户之间的信息不对称（Ghatak and Guinnane，1999）导致的逆向选择和道德风险，克服了农户信贷的抵押物缺失等问题，并能有效激励成员按时还款（Cull et al.，2007）。农户之间的互相担保、互助合作、相互监督等激励机制使得微型金融的发展不仅能帮助贫困农户获得信贷，还能帮助贫困农户通过信贷提高收入水平。Gonzalea Vega（1984）的研究表明，农户的初始禀赋及其导致的要素投入领域的差异是农户收入差异的根本原因，微型金融不仅能够改善资源配置，而且能够促使农户获得信贷支持提高收入水平。Stigliz（1991）认为因信息不对称，金融机构需要支付高额的信息费用，团体贷款的“横向监督”机制能够有效激励成员之间的相互监督从而降低金融机构的信息搜集和甄别成本。Stiglitz（1991）论述了减少农户之间的信息筛选、监管和实施能降低农户的违约率。Morduch（1999）的研究结果表明，拥有丰富社会资本的农户的违约率更低，而随着小组内成员亲戚数量的增加，农户信贷的违约率会上升。通过考察南非、亚美尼亚等国家的农户贷款，Bruton等（2011）研究发现，农户之间的相互信任以

---

① 数据来源：《江西省农村信用社（农商银行）2012年发展报告》和《江西省农村信用社（农商银行）2013年发展报告》。

及联保小组内农户的同质性与农户的还款率正相关，农户之间的相互了解和信任对农户的还款表现的影响并不显著。Ahlin 等（2010）发现农户的居住地距离金融机构的大小与还款率负相关。

另外，借款人的信贷匹配能提高还款率，Acclassato D. H.（2006）认为这是同伴间的相互甄别、监管和实施的结果。金融机构发放农户贷款不仅要考虑农户信贷业务本身，还要考虑良好的监管制度，而团体贷款的农户能够相互监督，这就降低了监管成本，提高金融机构发放农户贷款的风险。Ayayi 和 Sene（2010）通过审核 223 个金融机构的财务报表，发现信贷风险管理是发放农户贷款的决定因素，农户信贷的利率水平应足以支付相关成本、发放农户贷款最基本的是成本控制，最重要的是对农户关键信息的收集和使用。

9.3.3 微型金融发展缓解农户信贷约束的影响因素

上述作用机理表明，发展微型金融可以最大程度地缓解农户特别是贫困农户的信贷约束，但关键是微型金融能否在农村有效实施。影响微型金融发展的因素复杂多样，现从可贷资金规模、违约率和利率水平三个方面分析影响微型金融发展的关键因素。

第一，可贷资金规模。金融机构向农户发放的贷款额度受到可贷资金规模的影响，而可贷资金规模又与资金来源渠道息息相关。Hamada（2010）研究表明，有些大型金融机构因为可以获得商业贷款所以资金成本更低，而大部分金融机构因为制度的不完善和监管不力等原因，导致筹资成本增加，可贷资金规模受到制约。就我国启动的新一轮农村金融的增量改革而言，村镇银行的资金来源受到一定限制。根据 2006 年出台文件的规定，村镇银行单一自然人持股比例、单一其他非银行企业法人及其关联方合计持股比例不得超过 10%，虽然这是国家出于防范金融风险而设定的，但实际上使得入股村镇银行的民间资本受到很大的限制；其次，大多数民众对村镇银行的认识不足，还在怀疑和观望中，这些因素导致村镇银行的可贷资金规模受到很大的限制。“农村资金互助社不得向非社员吸收存款”规定使得互助社的资金来源渠道更加单一。“只贷不存”的限制使得贷款公司资本金约束更为严重。而小额贷款公司[①]的

① 贷款公司和小额贷款公司之间有联系也有区别。贷款公司由商业银行和农村合作银行全额出资组建，归银监会监管；而小额贷款公司则由自然人、企业法人与其他社会组织投资设立，由各省政府监管。相同点在于，都是为“三农”发展提供贷款服务的非银行金融机构，不能吸收存款。

运营所需的全部资本都源于自身，其发展状况更加受到可贷资金规模的影响。综上所述，农村金融机构的可贷资金规模会影响自身的发展状况，这又会进一步影响农户贷款的发放，因此，增加农村金融机构的可贷资金规模能有效缓解农户的信贷约束。

第二，违约率。违约率的高低会影响农村金融机构对农户贷款的发放。违约率越低，资本收益率就会越高，金融机构的利润水平就会越高，向农户发放贷款的意愿和能力就越强。违约有策略性违约和非策略性违约①之分，农户投资成功并不意味着就一定会偿还贷款②；而投资失败也不意味着就一定不还款，因为农户可以用家庭其他收入偿还该笔贷款。农户本身并不是单一违约决策主体，因为农户的收益是整个家庭成员所共同的，农户借贷行为的目标是整个家庭的效用最大化，因此，农户的违约决策行为是权衡违约收益和违约成本的结果。当违约收益大于违约成本时，就会选择策略性违约。农户贷款投资收益越大，违约概率越小。农户的违约决策行为是微型金融贷款投资收益的函数。当投资收益高的时候，农户的效用损失更小。农户的违约概率会随着投资收益的增加而降低。如果投资收益遭受意外冲击，农户偿还贷款的可能性就会减小。比如，当农户用所得贷款购买一批猪仔饲养，如果发生瘟疫小猪不幸死亡，则贷款偿还的可能性就小；将来所得贷款的投资收益越大，违约概率越小。如果农户预期以后能得到更多的贷款，那么违约的可能性就会更小。将来所得贷款的多少是贷款投资收益的函数，而且，农户会权衡以后能得到更多贷款从而增加消费的可能性。即使现在没有打算以后会有更大的投资，但是如果现在还款，将来可能得到更多的贷款，这就会促使农户偿还原先的贷款；如果违约遭受沉重的社会惩罚，还款的概率越大。农户遭受的社会惩罚力度越大，违约的可能性就会越小。社会惩罚增加了违约成本，降低策略性违约的可能性；农户其他途径的收入越高，还款概率越大。农户其他途径的收入使得贷款人有更多的资源来偿还贷款，即使贷款投资项目失败，仍然有能力偿还贷款。反之，如果家庭遭受意外（如重大疾病）使得其他途径的收入减少时，即使投资项目非常成功，仍有可能不能偿还贷款。

因此，要发展微型金融缓解农户信贷约束促进农民增收，农户自身应降低

① 当借款人因投资收益不足以支付贷款真正无力偿还贷款的违约称为非策略性违约；如果借款人有足够的收入来偿还贷款却又认为违约收益大于违约成本而故意违约时，就是策略性违约。

② 原因可能是借款人的信用和道德水平，或者是家庭遭遇了不幸等。

违约率。农户用所得贷款增加投资收益、农户将来能得到更多贷款金额的预期、农户遭受的社会惩罚力度以及农户其他收入等因素会影响农户的违约率。

第三，利率水平。有观点认为，相对于其他金融机构，农村金融机构创业成本更高，至少要在开业的前5年内实行较高的利率，否则这些新兴的金融机构将会很难维持下去（Ayayi and Sene，2010）。2010年11月，孟加拉国决定对微型信贷实行27%的利率上限①，这一规定对其他发展中国家乃至全世界范围内的微型金融产生了很大的影响。一般而言，金融机构都是在利润最大化的基础上确定利率水平。但农村金融机构在确定利率水平时，不能仅仅以利润最大化为准则，需要考虑其社会功能。利率太高，会增加农户的借贷成本，导致农户无力偿还贷款，这就会削弱农村金融机构扶贫的社会功能。利率太低，又会减少农村金融机构的利润水平，甚至出现亏损。因此，确定农村金融机构的利率水平是最受争议的。参照约纳森·莫达奇（1998）② 损益两平利率法来确定农村金融机构发放农户贷款的利率水平。

首先，要满足金融机构运作的可持续性，即获得的利润总额能够足以维持其基本经营，否则需要通过另外的渠道如国家补贴获取资金。那么金融机构一年内发放的贷款的预期收入必须大于发放贷款的总支出。即：

$$S(1+r)(1-a)+I \geqslant S+C$$

其中，r 是贷款利率，a 是违约率，S 是一年的贷款规模，I 是投资净收益，C 是利率成本和运作成本等的总和。如果该式不能满足，就要计算最低允许利率，对其进行调整，得到损益两平利率水平，即运作允许利率：

$$r^{*}=(c-i+a)/(1-a)$$

c（$c=C/S$）是每元贷款一年的总成本，i（$i=I/S$）是每元贷款的投资净收益。如果利率低于 r^{*}，金融机构就必须要有另外的资金来维持经营。

其次，要满足经济可持续发展。如果在经济上不可持续，就必须从市场上获得所有投入，如果不享受优惠，就不可能生存。在这个基础上来考虑损益两平利率，该利率包含了隐性资助，假定一年隐性资助为 L，$s=L/S$，清偿 r 后，包含全部成本的农村金融机构实现财务可持续的损益两平利率为：

$$r^{\circ}=(c+s+a-i)/(1-a)$$

① The Africa Report. November 26，2010.

② 约纳森·莫达奇．关于小额信贷的可持续性问题［J］．曹洪民，译．中国农村经济，1998（9）：33-36.

如果利率低于 r^o，金融机构就需要获得资助来维持运作。但是如果利率水平高于 r^o，原来有意向借款的农户就不一定会借款，即使借款了，由于成本的增加导致农户信贷的违约率增加。因此利率只能提高到盈亏平衡点的水平。如果因为利率的提高导致违约率大幅上升，就不能实现财务可持续性。因此，农村金融机构要增加农户贷款的发放，就必须合理确定农户信贷的利率水平，以确定其能够维持运作的可持续和经济的可持续。

9.3.4　发展微型金融缓解农户信贷约束的政策建议

微型金融在全世界范围内取得的巨大成功为缓解我国农户信贷约束提供了很好的思路，因此我国加快了村镇银行、贷款公司和资金互助社等农村微型金融机构的发展。以现有商业银行为主导，组建村镇银行和贷款公司，鼓励民间资本进入农村金融市场，设立小额贷款公司和资金互助社并进行了审慎监管。为了探索发展微型金融缓解农户信贷约束，本章分析了可贷资金规模、违约率和利率水平等影响农村金融机构发展农户信贷的作用机理。分析结果表明，可贷资金规模、违约率和利率水平影响了金融机构对农户信贷的发放。就这些关键因素提出以下政策建议，以促进我国农村微型金融的发展，缓解农户信贷约束。

第一，采取多种措施提高农村金融机构的可贷资金规模。首先，从政策上大力支持民间资本进入农村金融机构，拓宽资金来源渠道。放宽只有商业银行才能作为主发起人、持股 20%以上、自然人入股农村金融机构持股比例不超过 10%的规定。引导民间资本发展农村金融机构，适当增加民间资本投资者的持股比例，提高每股股本额度或者扩股增资。其次，建立农村金融机构与农业发展银行、农业银行、邮储银行、国家开发银行、国家扶贫开发基金等金融机构的信贷资金批发机制，改变我国现行农村金融体系下农村资金大量流向城市等众多原因导致的农村金融机构自身发展所需资本不足的状况，为我国农村金融机构发放农户贷款提供资金方面的支持。对于样本地区的农户而言，提高金融意识，增加每月向金融机构存款的次数，也是增加金融机构的可贷资金规模的有效方式。

第二，努力拓展农村金融机构的业务范围。微型金融是以小额信贷为主、也包括小额储蓄服务、小额保险、小额租赁和小额支付交易等在内的广泛的金融服务，是小额信贷金融深化和持续化发展的结果。小额信贷的发展会推动储蓄、保险、租赁和支付交易的发展，而这些业务的发展也会进一步促进小额信贷业务的发展。我国农村金融机构往往设立在贫穷落后的地区，与城市相比还有不少的差距，机构人员的业务水平有待进一步提高，技术支持需要进一步改进，异地结算、汇总、信用卡业务等有待进一步的发展。这就要求更多金融人才的支持，应该大力培养或支持高素质的管理人员以及懂操作、精业务的优秀员工充实农村金融机构，以促进这些机构农户信贷业务的快速健康发展。

第三，加强对农村金融机构的监管。新型农村金融机构增加农户信贷的前提是不断提高其自身收益，收益的多少不仅取决于经营状况，还取决于自身发展所具备的外部环境，因此，监管就显得极其重要。监管的难点在于利率的确定，能否确保金融机构获取较大的存贷款利率差，从而增加金融机构发放农户贷款的预期。监管的难点是农户信用体系的建设。应加快农户信用信息基础数据库的建设和管理，畅通金融机构与个人数据库利用的渠道。尽快出台征信法规，创造征信评级机构良好运行的大环境。金融机构和当地公安、税收和计生等相关部门密切协调，和乡镇、村等各级干部紧密配合，完善当地农民的征信体系建设。尽可能了解潜在农户的相关情况和借贷需求，减少农户信贷风险和成本。监管的目的要让金融机构获得相应特许经营权价值，比如农村金融市场垄断产生的价值以及响应政府号召带来的额外收益等。应积极加强对农村金融机构的监督管理，以改善优化其财务状况，增强其农户贷款的发放能力，在缓解农户信贷约束的同时也实现农村金融机构的可持续发展。

第 10 章　总结与展望

任何一个国家和地区的经济发展都需要一定的资金投入，农村经济社会的全面发展一样离不开资金的有力支撑，健全、完善的农村金融制度可为农村经济发展提供必要和充分的资金保障，也为农民的增收创造有利条件。而农户的信贷约束是经济欠发达地区面临的普遍难题，农村地区的信贷约束程度相比城市更加严重。以江西省为例研究我国欠发达地区农户的信贷约束、福利效应、影响因素和缓解路径，对我国农民增收、促进我国城乡一体化的发展具有重要的现实意义。本书在国内外相关研究的基础上，界定了农户信贷约束的相关概念，对江西省 34 个县的总共 912 农户进行抽样调查，有效甄别了农户信贷约束；测算了信贷约束对农户的福利效应；分析了农户信贷约束的影响因素；在对农户信贷约束的有效甄别、福利效应和影响因素研究的基础上，从发挥农户禀赋、降低农户信贷交易成本和发展微型金融等方面提出了缓解农户信贷约束的政策建议。本章在总结前面各章研究结论的基础上提出研究展望。

10.1　总结

通过前面各章的实证研究和分析，本书的研究内容和结论总结如下：

第一，对农户的信贷需求和信贷约束进行了有效甄别。农户的信贷需求旺盛：样本农户中 85.5%都有向金融机构贷款的意愿，表明样本地区农户对正规信贷具有普遍性的需求。53.4%的样本农户受到信贷约束，供给型信贷约束和需求型信贷约束农户数分别占信贷约束农户总户数的 40.3%和 59.7%。

第二，实证分析了信贷约束对农户收入的福利效应。使用分位数回归方法对信贷约束与农户种植业收入之间的关系进行了实证分析，研究结果表明，农户收入在各分位数回归条件下都受到土地和劳动的显著正向影响；信贷约束对不同收入水平农户的影响是不一样的：对 1/10 分位点的低收入农户、1/4 分位点的较低收入以及 9/10 分位点的高收入农户而言，信贷约束对他们的收入有显著负向影响，而在 5/10 分位点及 3/4 分位点的回归结果显示，信贷约束对这些农户收入有负向影响但影响并不显著。

第三，实证研究了信贷约束对农户生产效率的福利效应。分析受到信贷约束和没有受到信贷约束的农户由于资金投入的差别导致的生产效率的区别，揭示基于农户生产效率的差别导致的信贷约束对农户收入的影响。通过对样本农户的统计分析和随机前沿生产函数的实证研究，得到的结论是：没有信贷约束农户的平均产值要比信贷约束农户高出 563.2 元，平均亩产要比受到信贷约束农户多 109.0 元。土地面积、资本和劳动投入都与农业生产效率显著正相关，农业生产效率不仅受到土地、劳动力等传统投入要素的影响，也受到农户信贷约束的影响。没有受到信贷约束的农户比受到信贷约束的农户的平均生产效率要高出 17.8 个百分点，比总样本农户的平均生产效率要高出 7.4 个百分点。

第四，实证研究了信贷约束对农户消费支出的福利效应。选用农户与金融机构的最小距离以及农户是否有政治参与作为信贷约束的工具变量，分别用其中一个变量和同时用这两个变量作为工具变量进行 2SLS 回归，考察信贷约束对农户消费支出的影响。用农户与金融机构的最小距离作为信贷约束的工具变量建立的模型的计量结果表明，受到信贷约束的农户相对没有受到信贷约束农户的消费支出少 9.37%；用农户家庭成员的政治参与作为信贷约束的工具变量建立的模型的计量结果表明，受到信贷约束的农户相对没有受到信贷约束农户的消费支出少 7.34%。两个模型都表明，信贷约束抑制了农户的消费支出，从消费支出的角度论证信贷约束对农户收入的影响是前面相关内容的补充说明。

第五，用 Probit 模型实证分析了政治参与和金融参与对农户信贷约束有显著影响。样本均值处的边际效应测算结果表明，相比没有任何政治参与行为的农户，有政治参与活动的农户受到信贷约束的概率要低 1.25%。相比没有办理银行卡业务的农户，能运用银行卡办理相关业务的农户受到信贷约束的概率要低 29.4%。农户每月用银行卡在银行办理业务的次数每增加 1 次，其受到信贷约束的概率就会降低 36.48%。本书的研究发现对如何缓解农户的信贷约束具有重要的政策含义。

第六，用 Probit 模型实证分析了金融意识和信贷交易成本对农户信贷约束的影响。实证结果显示：农户负责人的年龄与信贷约束显著负相关，年龄越大，受到信贷约束的概率越低，农户的整体健康状况与信贷约束显著正相关，说明健康状况越差，受到信贷约束的概率越大；农户居住地距离信用社的最小距离这一变量与农户的信贷约束正相关，说明距离越大，受到信贷约束的概率越大。衡量金融意识因素的两个变量均通过了 1％水平的显著性检验，两者系数都为负，说明相对于没有办理银行卡的农户，办理了银行卡的农户受到信贷约束的概率更低，农户每个月在银行存款的次数越多，受到信贷约束的概率就会越低。不仅论证了各因素对信贷约束作用方向，也通过计算边际效应得到各因素的影响程度：农户负责人年龄每增加 1 岁，农户受到信贷约束的概率就会降低 0.46％。农户整体健康状况每下降一个等级，受到信贷约束的几率就会增加 0.39％。相比家庭成员中没有政治参与行为的农户，有政治参与的农户受到信贷约束的概率要低 1.3％。农户居住地与金融机构的最小距离每增加 1 千米，受到信贷约束的可能性就会增加 0.40％。相对于没有办理银行卡业务的农户，会使用银行卡业务的农户受到信贷约束的概率要低 29.40％；农户每月在银行存款的次数每增加一次，受到信贷约束的概率要低 36.48％。

第七，提出缓解农户信贷约束的缓解路径。在实证研究农户信贷约束的影响因素后，提出了缓解农户信贷约束的路径选择：从提高农户政治参与、金融参与等方面提出缓解农户信贷约束的政策建议；从提高农户金融意识和降低信贷交易费用等视角提出缓解农户信贷约束的政策建议。之后从供给的角度，基于微型金融的理论和实践分析，提出通过发展微型金融从而缓解农户信贷约束的政策建议。

10.2　展望

本书就信贷约束的有效甄别、信贷约束对农户收入的福利效应、信贷约束的影响因素以及信贷约束的缓解路径进行了较为系统的研究，但受时间、成本以及本人知识结构、学术水平等因素的影响，对该问题的研究仍有很多地方需要进一步优化。首先，在调研地区上，只选取了江西省境内的赣州市、抚州市和吉安市的 34 个县，无法拓展到中国所有省份，如果能在全国进行抽样调查，样本就会有更好的代表性，研究结论也会有更强的说服力。另外，受条件限制，样本的发放对象都是农户，未能向金融机构发放调查问卷，不能从供给的角度对这一问题进行更全面的实证研究。第三，农民收入的增长是各种因素综合作用的结果，增加农户信贷是一种重要的解决方式和途径，但在新型农业经营主体较完善的地区，金融机构发放贷款的农户不一定是分散的单个农户，也可能是种养大户、家庭农场和合作社等广义的、联合的农户，贷款主体的范围在这些地区可能还需要进一步扩大。

基于上述概括的不足之处以及笔者在现有研究基础上对该问题的新认识、新思路，本书提出以下几点研究展望：

第一，研究主体的展望。随着农业经营主体的不断发展，农村金融机构的金融服务主体也呈现出多样化的特点。金融机构的服务对象不再局限于从事小规模农业生产的农户，还包括从事规模经营的家庭农场等，如果某个地区的非农户生产比较发达，那么贷款的发放领域可能不再单纯投向农业生产，发放重点可能是其他非农生产部门。

第二，研究内容及研究思路的展望。当前学者主要都是按照“信贷约束的甄别、影响因素、缓解”的路径展开研究，本书的研究重点是信贷约束对农户福利的影响效应和农户信贷约束的缓解路径，整体上也是按照这个思路。另外，金融发展不仅要考虑金融机构自身利润的获取，还要考虑如何在促进实体经济充分发展，在这个基础上考虑利润最大化。因此，今后的农村金融还要考虑金融业务如何促进实体经济发展，如何促进农村社会经济的发展。

第三，研究方法的展望。当前大多文献就信贷约束的实证研究偏多，理论研究较少。国内外专家学者们对信贷约束问题的研究多是从实证的角度对该问题进行分析和研究，对信贷约束问题进行深入的理论分析和说明的文章不多。大多实证分析的理论基础基本上都是 Mckinnon、Goldsmith、Stiglitz 和 Boucher 等几个国外经济学家的理论。在未来的研究过程中，应加强对信贷约束问题相关理论的分析，从更深层次角度探索信贷约束问题。

第四，缓解路径的展望。发展微型金融是缓解农户信贷约束难题的一个途径。我国农村金融发展的一个重要目标就是建立普惠型金融体系，这个体系建设的难点就是微型金融的发展。当前，很多学者把小额信贷和微型金融混合使用，或者把当前我国现有的小额贷款认为是国际上微型金融在我国的具体实践，其实两者是有严格区别的。目前普惠型金融体系研究较多，但对微型金融体系的建设的研究相对较少，整个社会微型金融的意识和理念并不是太强。因此，进一步的研究可就微型金融发展的思路、途径、目标及政策支持等问题展开深入的理论和实证研究，研究成果能为缓解农户特别是贫困农户的信贷约束提供确实可行的理论参考和实践借鉴。

参 考 文 献

白钦先，丁志杰．论金融可持续发展［J］．国际金融研究，1998（5）：28－32.

卜范达，韩喜平．“农户经营”内涵的探析［J］．当代经济研究，2003（9）：37－41.

陈博天，夏田．影响我国农户信贷约束的实证分析——兼论我国农村金融市场改革［J］．财经界（学术版）：2013（5）：5－7.

陈东，刘金东．农村信贷对农村居民消费的影响——基于状态空间模型和中介效应检验的长期动态分析［J］．金融研究，2013（6）：160－172.

陈健，陈杰，高波．信贷约束、房价与居民消费率——基于面板门槛模型的研究［J］．金融研究，2012（4）：45－57.

陈军，曹远征．农村金融深化与发展评析［M］．北京：中国人民大学出版社，2008.

陈鹏，刘锡良．中国农户融资选择意愿研究——来自10省2万家农户借贷调查的证据［J］．金融研究，2011（7）：128－141.

陈鹏，臧雷振．媒介与中国农民政治参与行为的关系研究——基于全国代表性数据的实证分析［J］．公共管理学报，2015，12（3）：69－84.

陈前恒，魏文慧．草根组织经历与政治参与：来自中国村庄选举的证据［J］．中国农村观察，2016（1）：38－50.

陈强．高级计量经济学及Stata应用［M］．第2版．北京：高等教育出版社，2014.

陈晓光，张宇麟．信贷约束、政府消费与中国实际经济周期［J］．经济研究，2010（12）：48－59.

程郁，罗丹．信贷约束下中国农户信贷缺口的估计［J］．世界经济文汇，2012（2）：69－80.

邓宏亮．财政支农、农业信贷与农民收入效应关系的实证分析［J］．广东商学院学报，2013（1）：79－88.

丁志国，朱欣乐，赵晶．农户融资路径偏好及影响因素分析——基于吉林省样本［J］．中国农村经济，2011（8）：54－63.

董进才．专业合作社农民政治参与状况分析——基于浙江省示范合作社的调查［J］．农业经济问题，2009（9）：45－50.

董晓林，杨小丽，胡睿．经济欠发达地区农户信贷约束与农信社小额信贷——基于对江苏睢宁县的农户调查［J］．南京农业大学学报（社会科学版）2010（6）：27－34.

董晓林，朱敏杰，张晓艳．农民资金互助社对农户正规信贷配给的影响机制分析——基于合作金融“共跻监督”的视角［J］．中国农村观察，2016（1）：63－74.

董志勇，黄迈．信贷约束与农户消费结构［J］．经济科学，2010（5）：72－79.

杜晓山，宁爱照．对商业银行参与金融扶贫的思考［J］．农村金融研究，2013（5）：5－11.

杜晓山，孙同全，张群．公益性及商业性小额信贷社会绩效管理比较研究［J］．现代经济探讨，2011（5）42－47.

杜晓山．小额信贷的发展与普惠性金融体系框架［J］．中国农村经济，2006（8）：70－74.

段景辉，陈建宝．我国城乡家庭收入差异影响因素的分位数回归解析［J］．经济学家，2009（9）：46－53.

高沛星，王修华．我国农村金融排斥的区域差异与影响因素——基于省际面板数据的实证分析［J］．农业技术经济，2011（4）：93－102.

高小琼．小额农贷婺源模式［J］．农村金融，2013（13）：47－58.

郭军．新型农村金融机构可持续发展研究——以山东省为例［D］．泰安：山东农业大学，2013.

郭君平，王春来，张斌，吴国宝．转型期农村妇女政治参与态度与行为逻辑分析——以苏、辽、赣、宁、黔五省（区）为例证［J］．中国农村观察，2016（3）：27－41.

韩俊，罗丹，程郁．信贷约束下农户借贷需求行为的实证研究［J］．农业经济问题，2007（2）：44－51.

何德旭，饶明．我国农村金融市场供求失衡的成因分析：金融排斥视角［J］．社会经济体比较，2008（2）：108－114.

何广文，等．农户信贷、农村中小企业融资与农村金融市场［M］．北京：中国财政经济出版社，2005.

何广文，李莉莉．大型商业银行的小额信贷之路［J］．农村金融研究，2011（5）：21－26.

何广文，李莉莉．改革创新——农村金融业发展的主旋律［J］．中国金融家，2012（8）：45－47.

何军，宁满秀，史清华．农户民间借贷需求及影响因素实证分析［J］．南京农业大学学报（社会科学版），2005（4）：20－24.

贺群，周宏，马媛媛．供应链内部融资与农户信贷可获性实证分析——基于江苏省阜宁县调查数据［J］．农业技术经济，2013（10）：36－45.

贺莎莎．农户借贷行为及其影响因素分析——以湖南省花岩溪村为例［J］．中国农村观察，2008（1）：39－50.

洪正．新型农村金融机构改革可行吗？——基于监督效率视角的分析［J］．经济研究，2011（2）：45－58.

胡帮勇，张兵．农村金融深化对农户消费需求影响的实证研究［J］．云南财经大学学报，2011（6）：77－83.

黄祖辉，刘西川，程恩江．中国农户的信贷需求：生产性抑或消费性［J］．管理世界，

2007 (3): 72-80.

黄祖辉，刘西川．贫困地区农户正规信贷市场低参与程度的经验解释［J］．经济研究，2009 (4): 116-128.

霍学喜，屈小博．西部传统农业区域农户资金借贷需求与供给分析——对陕西渭北地区农户资金借贷的调查与思考［J］．中国农村经济，2005 (8): 62-67.

鞠荣华，许云霄，朱雯．农户的信贷供给改善了吗？［J］．农业经济问题，2014 (1): 49-53.

亢霞，刘秀梅．我国粮食生产的技术效率分析［J］．中国农村观察，2005 (4): 25-32.

孔荣，陈传梅，衣明卉．农户正规信贷可得性影响因素的实证分析——以江西省756户农户的调查为例［J］．农业经济与管理，2010 (3): 36-45.

孔祥智，方松海，庞晓鹏，马九杰．西部地区农户禀赋对农业技术采纳的影响分析［J］．经济研究，2004 (12): 85-96.

赖娟．金融发展抑制还是促进了经济增长——来自江西省的数据检验［J］．江西财经大学学报，2013 (2): 17-24.

雷蒙德·W. 戈德史密斯．金融结构与发展［M］．上海：上海人民出版社，1996.

黎翠梅，陈巧玲．农户民间借贷需求影响因素的实证研究——以湘北234户农户的调查为例［J］．经济问题，2007 (11): 71-73.

李长生，蔡波．农村微型金融机构可持续发展及其影响因素研究［J］．江西农业大学学报（社会科学版），2012 (4): 41-46.

李长生，张文棋．农户正规信贷需求和信贷约束——基于江西省的调查［J］．农林经济管理学报，2014 (4): 406-413.

李长生．新型农村金融机构可持续发展研究——以交易费用为视角［J］．福建行政学院学报，2012 (1): 84-88.

李春霄．农村地区金融排斥研究——以陕西为例［D］．杨凌：西北农林科技大学，2013.

李明贤，王旋．农户融资约束的替代策略及其效应分析——基于湖南省268份农户调查数据［J］．湖南农业大学学报（社会科学版），2015，16 (2): 23-28.

李庆海，李锐，汪三贵．农户信贷配给及其福利损失——基于面板数据的分析［J］．数量经济技术经济研究，2012 (8): 35-49.

李锐，朱喜．农户金融抑制及其福利损失的计量分析［J］．经济研究，2007 (2): 23-36.

李似鸿．金融需求、金融供给与乡村自治——基于贫困地区农户金融行为和考察与分析［J］．管理世界，2010 (1): 74-83.

李涛，王志芳，王海港，谭松涛．中国城市居民的金融排斥状况研究［J］．经济研究，2010 (7): 15-30.

李岩，赵翠霞，兰庆高．农户正规供给型信贷约束现状及影响因素——基于农村信用社实证数据分析［J］．农业经济问题，2013 (10): 41-48.

李岩．农户贷款行为研究——基于山东省的追踪调查［D］．沈阳：沈阳农业大学，2014.

李作稳，黄季焜，贾相平，栾昊，项诚．小额信贷对贫困地区农户畜禽养殖业的影响［J］．农业技术经济，2012（11）：4－9.

林丽琼．农村中小企业信贷可得性研究——一个社会资本的视角［D］．福州：福建农林大学，2009.

林毅夫，孙希芳．信息、民间金融与中小企业融资［J］．经济研究，2005（7）：35－44.

刘生龙．教育和经验对中国居民收入的影响——基于分位数回归和审查分位数回归的实证研究［J］．数量经济技术经济研究，2008（4）：75－85.

刘西川，程恩江．贫困地区农户的正规信贷约束：基于配给机制的经验考察［J］．中国农村经济，2009（6）：37－50.

刘西川．贫困地区农户的信贷需求与信贷约束［D］．杭州：浙江大学，2007.

刘锡良，等．中国转型期农村金融体系研究［M］．北京：中国金融出版社，2006.

刘晓飞，张文棋．创意农业的金融支持影响因素研究［J］．福建师范大学学报（哲学社会科学版），2013（3）：79－85.

卢亚娟．中国农村金融发展研究［D］．南京：南京农业大学，2009.

罗恩平．转型期我国农户信贷供求分析及政策选择［D］．福州：福建农林大学，2007.

马光荣，杨恩艳．社会网络、民间金融与创业［J］．经济研究，2011（3）：83－94.

马九杰，吴本健，周向阳．农村金融欠发展的表现、成因与普惠金融体系构建［J］．理论探讨，2013（2）：74－78.

马九杰．农村金融风险管理与信贷约束问题研究［M］．北京：中国经济出版社，2004.

马晓青，刘莉亚，胡乃红，王照飞．信贷需求与融资渠道偏好影响因素的实证分析［J］．中国农村经济，2012（5）：65－77.

莫媛，徐虹．农村金融发展的区域市场分割研究：江苏样本［J］．南京农业大学学报（社会科学版），2012（7）：34－40.

宁满秀．农村金融市场主体异质性与信贷匹配［J］．皖西学院学报，2008（12）：41－44.

牛荣，张珩，罗剑朝．产权抵押贷款下的农户信贷约束分析［J］．农业经济问题，2016（1）：76－85.

牛荣．陕西省农户借贷行为研究［D］．杨凌：西北农林科技大学，2013.

潘席龙，等．《小额信贷在中国》丛书［M］．北京：中国财政经济出版社，2013.

庞新军，冉光和．风险态度、农户信贷与信贷配给——基于张家港市问卷调查的分析［J］．经济经纬，2014（1）：149－154.

裴辉儒．我国农业信贷与农业经济增长的相关性研究［J］．农业技术经济，2010（2）：32－40.

秦建群，吕忠伟，秦建国．农户分层信贷渠道选择行为及其影响因素分析——基于农村二元金融结构的实证研究［J］．数量经济技术经济研究，2011（10）：56－64.

曲小刚，池建宇，罗剑朝．借贷与民间借贷对农户生产和消费的影响［J］．经济经纬，2014（1）：44－49.

石弢，林敏，张文棋．新型农村金融机构政策传导效应研究［J］．农村经济，2013（3）：62－64.

宋汉光．农业信贷效率问题研究——以福建为例［D］．福州：福建农林大学，2011.

孙若梅．小额信贷在农村信贷市场中作用的探讨［J］．中国农村经济，2006（8）：34－43.

孙颖，林万龙．市场化进程中社会资本对农户融资的影响——来自CHIPS的证据［J］．农业技术经济，2013（4）：26－34.

田霖．我国金融排斥的城乡二元性研究［J］．中国工业经济，2011（2）：36－46.

田伟，李明贤，谭朵朵．中国棉花生产技术进步率的测算与分析［J］．中国农村观察，2010（2）：45－53.

童馨乐．农户借贷行为及其对收入的影响研究［M］．南京：南京农业大学，2012.

王彬．中国农村金融体系农业信贷配置的效率分析［J］．中国市场，2011（11）：41－43.

王定祥，田庆刚，李伶俐，王小华．贫困型农户信贷需求与信贷行为实证研究［J］．金融研究，2011（5）：124－138.

王宏杰．农户禀赋对家庭收入影响的实证分析［J］．经济论坛，2011（2）：54－56.

王家传．中国农村金融：观察与思考［M］．北京：中国农业出版社，2009.

王静，吴海霞，霍学喜．信贷约束、农户融资困境及金融排斥影响因素分析［J］．西北农林科技大学学报（社会科学版），2014（5）：62－71.

王曲，刘民权．健康的价值及若干决定因素［J］．经济学（季刊），2005（10）：1－52.

王书华，杨有振，苏剑．农户信贷约束与收入差距的动态影响机制：基于面板联立系统的估计［J］．经济经纬，2014（1）：26－31.

王文成，周津宇．农村不同收入群体借贷的收入效应分析——基于农村东北地区的农户调查数据［J］．中国农村经济，2012（5）：77－84.

王性玉，田建强．农户资源禀赋与农业产出关系研究——基于信贷配给数据的分组讨论［J］．管理评论，2011（9）：38－42.

王修华．新农村建设中的金融排斥与破解思路［J］．农业经济问题，2009（7）：42－49.

温铁军．农户信用与民间借贷研究．中评网（http：//www.china－review.com/sao.asp?id=5276），2001.

翁贞林．粮食主产区农户稻作经营行为与政策扶持机制研究——基于江西省农户调研［D］．武汉：华中农业大学，2009.

熊学萍，阮红新，易法海．农户金融行为、融资需求及其融资制度需求指向研究——基于湖北省天门市的农户调查［J］．金融研究，2007（8）：167－181.

徐璋勇，杨贺．农户信贷行为倾向及其影响因素分析——基于西部11省（区）1 664户农户的调查［J］．中国软科学，2014（3）：45－56.

许圣道，田霖．我国农村地区金融排斥研究［J］．金融研究，2008（7）：195－206．

杨虎锋，何广文．商业性小额贷款公司能惠及三农和微小客户吗？［J］．财贸研究，2012（1）：35－42．

杨汝岱，陈斌开，朱诗娥．基于社会网络视角的农户民间借贷需求行为研究［J］．经济研究，2011（11）：116－129．

姚增福，郑少锋．我国粮食主产区粮食生产技术效率进步与效率损失测度［J］．电子科技大学学报（社科版），2010（6）：24－28．

叶敬忠，朱炎洁，杨洪萍．社会学视角的农户金融需求与农村金融供给［J］．中国农村经济，2004（8）：31－38．

易小兰．农户正规借贷需求及其正规贷款可获性的影响因素分析［J］．中国农村经济，2012（2）：56－64．

尹学群，李心丹．农户信贷对农村经济增长和农村居民消费的影响［J］．农业经济问题，2011（5）：21－27．

余新平，熊皛白，熊德平．中国农村金融发展与农民收入增长［J］．中国农村经济，2010（6）：77－87．

约纳森·莫达奇，曹洪民，译．关于小额信贷的可持续性问题［J］．中国农村经济，1998（9）：33－36．

岳爱，等．新型农村社会养老保险对家庭日常费用支出的影响［J］．管理世界，2013（8）：101－108．

詹姆斯·H. 斯托克，马克·W. 沃森．计量经济学［M］．第2版．上海：格致出版社，2009．

张车伟．营养、健康与效率——来自中国贫困农村的证据［J］．经济研究，2003（1）：3－12．

张建军，许承明．农业信贷与保险互联影响农户收入研究——基于苏鄂两省调研数据［J］．财贸研究，2013（5）：55－61．

张建军．农业信贷与保险互联对农户收入影响研究——基于信贷配给机制视角［D］．南京：南京农业大学，2012．

张杰．中国农村金融制度调整的绩效：金融需求的视角［M］．北京：中国人民大学出版社，2007．

张乐柱．需求导向的竞争性农村金融体系重构研究［M］．北京：中国经济出版社，2008．

张龙耀．中国农村信贷市场失灵与创新路径研究——基于信息不对称的视角［D］．南京：南京农业大学，2010．

张三丰，王非，贾愚．信用评级对农户融资渠道选择意愿的影响——基于10省（区）农户信贷调查数据的分析［J］．中国农村经济，2013（2）：72－84．

张文棋，林敏．福建省金融发展与经济增长关系的实证研究：1978—2010［J］．福建论坛·人文社会科学版，2011（12）：171-175.

张文棋，宋国林，张小芹，严四容，郑境辉．构建提高福建农业科技创新能力金融支持体系的设想［J］．福建论坛·人文社会科学版，2008（4）：105-108.

张文棋．论金融机构支农的切入点、支撑点和着力点［J］．福建金融，2009（10）：10-13.

张文棋．新型农村金融机构持续发展若干问题的思考［J］．沈阳农业大学学报（社会科学版），2011（6）：680-683.

张正平，何广文．农户信贷约束研究进展述评［J］．河南社会科学，2009（3）：44-50.

赵建梅，刘玲玲．信贷约束与农户民间金融选择［J］．经济理论与经济管理，2013（4）：33-42.

赵岩青，何广文．农户联保贷款有效性问题研究［J］．金融研究，2007（7）：1-17.

钟春平，孙焕民，徐长生．信贷约束、信贷需求与农户借贷行为：安徽的经验证据［J］．金融研究，2010（11）：189-206.

周脉伏，徐进前．信息成本、不完全契约与农村金融机构设置——从农户融资视角的分析［J］．中国农村观察，2004（5）：28-43.

朱少洪．农户信贷约束实证研究——以福建为例［D］．福州：福建农林大学，2010.

朱守银，等．中国农村金融市场供给和需求［J］．管理世界，2003（3）：88-95.

朱喜，李子奈．农户借贷的经济影响：基于IVQR模型的实证研究［J］．系统工程理论与实践，2007（2）：68-75.

朱喜，史清华，盖庆恩．要素配置扭曲与农业全要素生产率［J］．经济研究，2011（5）：86-98.

朱信凯，刘刚．二元金融体制与农户消费信贷选择——对合会的解释与分析经济研究，2009（2）：43-55.

A. Kochar（1997）. An Empirical Investigation of Rationing Constraints in Rural Credit Markets in India［J］. Journal of Development Economics，24（8）：86-97.

Acclassato D. H.（2006）. Interest Rate，Financial Sustainability and Poverty Reduction by Microfinance Institutions in Benin［J］. Annals of Public and Cooperative Economics，77（1）：53-81.

Aghion P，Bolton P.（1997）. A Theory of Trickle-down Growth and Development［J］. Rev. Econ Stud.，64（2）：151-172.

AhlinC，Lin，Maio M.（2010）. Where Does Microfinance Flourish? Microfinance Institution Performance in Macroeconomic Context［J］. Journal of Development Economics，5（3）：509-516.

Asif dowla（2006）. In Credit We Trust Building Social Capital：Grameen Bank in Bangladesh［J］. Journal of Socio-Economics，8（35）：78-91.

Ayi Gavriel，Maty Sene（2010）. What Drives Microfinance Institution's Financial Sustainability [J]. The Journal of Developing Areas，44（1）：303 - 324.

Beck，T. Demirguc - Kunt A. and Honohan，P.（2009）. Access to Financial Services：Measurement，Impact，and Policies [J]. The World Bank Research Observer，24（1）：119 - 145.

Bhatt Nitin，Shui - yan Tang（1998）. The Problem of Transaction Costs in Group - based Microlending：An Institutional Perspective [J]. World Development，26（4）：623 - 637.

Boucher S. S.，Guirkinger C.，Trivelli C.（2006）. Direct Elicitation of Credit Constraints：Conceptual and Practical Issues with an Application to Peruvian Agriculture [J]. Economic Development and Cultural Change，18（4）：609 - 640.

BrutonRM，Kenny DA（2011）. The Moderator Mediator Variable Distinction in Social Psychological Research：Conceptual，Strategic and Statistical Considerations [J]. Journal of Personality and Social Psychology，51（6）：1173 - 1182.

Canepa，A. and Stoneman，P.（2008）. Financial Constraints to Innovation in the UK：Evidence from CIS2 and CIS3 [D]. Oxford Economic Papers 60，711 - 730.

Carter，M. R.，P. Olinto（2003）. Getting Institutions "Right" For Whom? Credit Constraints And the Impact of Property Rights on the Quantity and Composition of Investment [J]. American Journal of Agricultural Economics，85（1）：173 - 186.

Catherine Guirkinger，Steve Boucher.（2007）. Credit Constraints and Productivity in Peruvian Agriculture [R]. Department of Agricultural & Resource Economics. University of California，Davis.

Cetorelli Nicola and Michele Gamberra（2001）. Banking Market Structure，Financial Dependence and Growth：International Evidence from Industry Data [J]. Journal of Finance，56（2）：. 617 - 648.

Claudio Gonzalea Vega（1984）. Cheap Agricultural Credit：Redistribution in Reverse [J]. Undermining Rural Development with Cheap Credit（12）：19 - 21.

Coase R.（1960）. The Problem of Social Cost [J]. Journal of Law and Economics，3（1）：1 - 44.

Conor M. O' Toole，Carol Newman and Thia Hennessy（2014）. Financing Constraints and Agricultural Investment：Effects of the Irish Financial Crisis [J]. Journal of Agricultural Economics，65（1）：152 - 176.

Cull R，Demirgüç - Kunt A and Morduch J.（2007）. Financial Performance and Outreach：A Global Analysis of Leading MicroBank [J]. Economic Journal，1（117）：107 - 133.

Elizabeth Littlefield，Jonathan Morduch，Syed Hashemi（2003）. Is Microfinance an Effective Strategy to Reach the Millennium Development Goals [J]. CGAP，7（24）：21 - 24.

Ghatak, Maitreesh and Timothy W. Guinnane (1999). The Economies of Lending with Joint Liability: Theory and Practice [J]. Journal of Development Economics, 60 (1): 195-228.

GregarioJ. D. (1996). Borrowing Constraints, Human Capital Accumulation and Growth [J]. Journal of Monetary Economics, 37: 49-71.

Guirkinger C, Fletschner D, Boucher S. (2007). Credit Constraints and Financial Efficiency in Peruvian Agriculture [C]. Portland, Oregon: American Agricultural Economics Association Annual Meeting, July 29-August 1.

Hamada, M. (2010). Financial Services to the Poor: An Introduction to the Special Issue on Microfinance [J]. The Developing Economies, 38 (1): 1-14.

Hartarska V. M., M. Holtmann (2006). An Overview of Recent Developmentin the Microfinance Literature [J]. Agricultural Finance Review, 66 (2): 147-166.

Hasan I, M. Koetter, M. Wedow (2009). Regional Growth and Finance in Europe: Is There a Quality Effect of Bank Efficiency [J]. Journal of Banking and Finance, 33 (8): 1446-1453.

Hermes (2005). Peer, Social Lies and Moral Hazard in Group-based Lending Program [J]. Working Paper (5): 27-39.

Impavido, Maitreesh Ghatak (1998). Credit Rationing, Group Lending and Optimal Group Size [J]. AnnalsofPublic&Cooperative Economics (6): 2-11.

J. D. Von Pischke (2002). Innovation in Finance and Movement to Client-centered Credit [J]. Journal of International Development, 6 (12): 10-11.

John N. N. Ugoani (2013). Power of Bank Credit on Economic Growth: A Nigerian Perspective [J]. International Journal of Financial Economics, 1 (3): 93-102.

Jonathan Morduch, Barbara Haley (2002). Analysis of the Effects of Microfinance on Poverty Reduction [J]. NYU Wangner Working Paper (6): 17-19.

JonathanConning (1999). Outreach, Sustainability and Leverage in Monitored and Peer-monitored Lending [J]. Journal of Development Economies, 60: 229-248.

Koetter, M. and M. Wedow (2010). Finance and Growth in a Bank-based Economy: Is It Quantity or Quality that Matters [J]. Journal of International Money and Finance, 29: 1529-1545.

M. Rota (2013). Credit and Growth: Reconsidering Italian Industrial Policy During the Golden Age [J]. European Review of Economic History, 17 (4): 431-451.

Maitreesh Ghatak (1999). Group Lending, Local Information and Peer Selection [J]. Journal of Development Economics (60): 43-55.

Morduch J. (2000). The Microfinance Schism [J]. World Development, 23 (38):

617－629.

Oliver. E. Williamson（1998）. Transaction Cost Economics [J]. DE. Economist，2（146）：23－58.

Omonona B. T.，Egbetokun O. A.，Akanbi A. T.（2010）. Resource Use and Technical Efficiency in Cowpea Production in Nigeria [J]. Economic Analysis and Policy，40（1）：87－92.

Peek Joe，Eric Rosengren（2000）. Collateral Damage：Effects of the Japanese Bank Crisison Real Activity in the United States [J]. The American Economic Review，90（1）：30－45.

PetersenM. A.，R. Rajan（1994）. The Benefits of Lending Relationships：Evidence from Small Business Data [J]. The Journal of Finance，（8）：3－37.

Petrick M.（2004）. A Micro－econometric Analysis of Credit Rationing in the Polish Farm Sector [J]. European Rev. Agric. Econ.，31（1）：77－101.

Philip Arestis and Asena Caner（2004）. Financial Liberalization and Poverty：Channels of Influence [D]. Cambridge University，Working Paper No. 411.

Rebel A. Cole（1998）. The Importance of Relationships to the Availability of Credit [J]. Journal of Banking and Finance（22）：959－977.

Risto Herrala（2010）. Credit Constraints and Durable Consumption：A New Empirical Approach [J]. Bank of Finland Research Discussion Papers，6（15）：34－51.

Rudrani Bhattacharya，Ila Patnaiky（2013）. Credit Constraints，Productivity Shocks and Consumption Volatility in Emerging Economies [R]. IMF Working Paper. May.

Stiglitz J，A. Weiss（1981）. Credit Rationing in Markets with Imperfect Information [J]. American Economic Review，71（3）：393－410.

Stiglitz J.（1990）. Peer Monitoring and Credit Market [J]. Word Bank Economic Review（4）：351－366.

Thierry van Bastelaer，Howard Leathers（2006）. Trust in Lending Social Capital and Joint Liability Seed Loans in Southern Zambia [J]. Journal Word Development，6（34）：1788－1807.

Tiamiyu S. A.，Akintola J. O.，Rahji M. A. Y.（2010）. Production Efficiency Among Growers of New Rice for Africa in the Savanna Zone Of Nigeria [J]. Agricultural Tropica et Subtropica，43（2）：134－139.

Timothy Besley and Stephen Coate（1995）. Group Lending，Repayment Incentives and Social Collateral [J]. Journal of Development Economics，34（46）：1－18.

Turvey C R and Rong（2010）. Informal Lending amongst Friends and Relives：Can Microcredit Compete in Rural China [J]. China Economic Review，21（4）：54－56.

Udry Christoper（1990）. Credit Markets in Northen Nigeria：Credit as Insurance in a Rural

Economy [J]. Word Bank Economic Review (4): 49-61.

Varrian, Hal R. (1990). Monitoring Agents with Other Agents [J]. Journal of Institutional and Theoretical Economics, 146 (1): 153-174.

World Bank (2007). World Development Report: Agriculture for Development [R]. Washington, D C.

附　录

“农户正规信贷约束：有效甄别、福利效应及缓解路径——以江西省为例”调查问卷表

问卷编号：__________；调查时间：__________调查员：__________

尊敬的朋友，您好！

非常感谢您参与本次调查，本问卷仅用于开展课题研究（农户正规信贷约束：有效甄别、福利效应及缓解路径——以江西省为例），没有任何政府、商业机构介入。问卷不记名，不会泄露您的个人信息。为了您的切身利益，请按实际情况作答，为政府完善农户信贷政策提供有益的参考。真诚感谢您的合作！

一、2012年家庭成员的基本情况

1. 户主姓名：______　　　2. 性别：______

3. 家庭负责人年龄（　　）

　A. 20岁以下　B. 20～30岁　C. 31～40岁　D. 41～50岁

　E. 51岁及以上

4. 家庭负责人受教育程度（　　）

　A. 小学及以下　B. 初中　C. 高中（中专）

　D. 大专及以上文化程度

5. 家庭是否有人是党员，或者是否担任人大代表、政协委员或村干部（　　）

　A. 是　B. 否

6. 家庭负责人的健康状况自评（　　）

　A. 很好　B. 很好　C. 一般　D. 很差

7. 家庭人口数：______人；

8. 家庭水田面积：______亩；旱地面积：______亩。

二、农户的基本情况（2012年）

1. 农户距离农村信用社等金融机构的最小距离：______里（1里＝500米）；

2. 家庭成员中在政府部门上班的人数：______人；

3. 建房时间（折算成使用时间）：______年；

4. 住房面积（实际使用面积）：______平方米；

5. 房屋造价：______元；

6. 住房结构（　　）

A. 砖混结构　　B. 砖木结构　　C. 土木结构　　D. 其他；

7. 您是农村信用社的社员吗？（　　）

A. 否　　B. 是

8. 您是农村信用社的“信用户”吗？（　　）

A. 否　　B. 是　　C. 不知道

9. 您购买了哪些类型的保险（　　）

A. 农业保险　　B. 新型农村合作医疗保险　　C. 社会养老保险

D. 商业养老保险　E. 商业财产保险　F. 商业人身保险

G. 交通工具保险

10. 您已经种粮多少年了：______年

11. 您家农作物病虫害严重程度（　　）

A. 非常严重　　B. 严重　　C. 一般　　D. 不严重

12. 您是否为种植、养殖大户或运销大户？（　　）

A. 否　　B. 是

13. 家庭2012年总收入：______万元

14. 您是否加入了行业协会或者农民专业合作组织？（　　）

A. 否（结束该部分）　B. 是（继续15题）

15. 您参加的合作组织的个数：______个

三、农业生产投入情况（2012年）

投入品	金额（元）	投入品	金额（元）
1 种子或树苗		6 租金及雇工费	
2 化肥		7 灌溉费及水费	
3 农药/杀虫剂/除草剂		8 承包费	
4 劳动工日	（天）	9 其他	
5 塑料薄膜/地膜		总额（元）	

四、种植业生产情况（2012年）

代码	种植面积（亩）	产量（斤，1斤=500克）	家庭储存（斤）	家庭消费（斤）	销售量（斤）	销售价格（元/斤）	销售额（元）

注：代码是指种植的农作物：1——水稻，2——小麦，3——玉米，4——油菜，5——大豆，6——花生，7——棉花，8——西瓜，9——其他

五、养殖业生产销售及投资情况（2012年）

种类	规模	出栏	销售额	买仔费用	饲料费用	防疫支出
1猪	头	头	元	元	元	元
2牛	头	头	元	元	元	元
3羊	只	只	元	元	元	元
4鸡鸭鹅	只	只	元	元	元	元
5水产	亩	斤	元	元	元	元

六、农户消费支出结构及支出金额

消费性支出	元	消费性支出	元
1食品支出		6交通与通信支出	
2衣着支出		7教育支出	
3居住支出		8娱乐及旅游支出	
4家庭设备购置		9馈赠支出	
5医疗保健费用		10合计	

七、贷款需求情况

1. 2011年以来，您是否向信用社等金融机构申请过贷款？

A. 否（跳至 4）　　　　B. 是（继续 2）

2. 申请后，您是否得到信用社等金融机构的贷款？

A. 否（跳至 5）　　　　B. 是（继续 3）

3. 您是否得到您所需要的所有数额？

A. 否，得到部分　　　　B. 是

4. 您是否想过要去信用社等金融机构贷款？

A. 有（继续 5）　　　　B. 没有（跳至 6）

5. 您想申请，信用社等金融机构也会给您贷款，那为什么不申请（选择最重要的一个原因）？

A. 利息太高；B. 离信用社太远；C. 手续太麻烦了，附加条件多；D. 借了担心还不起；E. 有其他贷款；F. 贷款额度太小不能满足需要；G. 不知道贷款手续；H. 担心抵押的东西拿不回来；I. 没有农村信用社要求的抵押品；J. 其他

6. 您为什么不想去信用社等金融机构贷款（选择最重要的一个原因）？

A. 没有抵押．没人担保；B. 利息太高，不划算，到时还不起；C. 没有关系，即使申请了也得不到贷款；D. 距离太远；E. 不需要借钱；F. 其他

7. 农户拥有的金融机构银行卡的张数：______张

8. 您每月到银行存款的次数：______次

八、农户贷款情况（自 2011 年 1 月 1 日以来）

1. 贷款时间（年、月）：______

2. 贷款对象（　　）

A. 农业银行、邮政储蓄银行　B. 农村信用社　C. 亲戚朋友　D. 合会、私人钱庄等

3. 什么类型的贷款（　　）

A. 小额信用贷款　B. 农户团体贷款　C. 教育助学贷款　D. 抵押贷款　E. 担保公司担保贷款　F. 高利贷　7. 其他（注明）______

4. 借款时用何抵押、担保（　　）

A. 房屋　B. 其他固定资产　C. 农产品　D. 存单　E. 亲戚朋友担保　F. 担保公司担保　G. 没有抵押担保

5. 当时希望贷多少钱？______（元）

6. 实际贷款金额（　　）

A. 2 万元以下　B. 2 万～3 万元　C. 3 万～4 万元 D. 4 万元以上

7. 您能够承担的贷款利率（月息）：______（%）

8. 贷款期限（　　）

A. 半年以内　B. 半年至 1 年　C. 1～3 年　D. 3～5 年　E. 5 年以上

9. 贷款用途（　　）

A. 农业支出　B. 养殖业支出　C. 农村工商业支出　D. 建房/购房/装修

E. 教育　F. 医疗　G. 其他（注明）______

后　记

本书是在笔者博士论文的基础上进一步修改、完善和扩展而形成的，出版的主要目的是要再次呼吁我国的信贷资源应该在城乡之间进行合理配置、优化配置。资本是最重要的生产要素之一，信贷资源在城乡之间的严重错配是我国乡村振兴战略实施的重大阻碍因素。

本书的出版得益于在福建农林大学博士阶段的学习。博士论文是在恩师张文棋教授的悉心指导下完成的，论文从选题到研究内容的制定，以及整体写作思路都凝聚着导师的智慧和辛勤指导。当然，论文的具体写作都是本人完成的，文中所有的不足之处都由本人负责。博士期间的学习和锻炼使自己的专业能力和学术素养都有很大的提高，但也非常清楚自己的每一点进步都是在众多老师和朋友的指导和帮助下取得的，因此，需要感谢的人太多太多：

首先衷心感谢尊敬的导师张文棋教授。恩师的一言一行都遵循“学为人师、行为世范”的原则，恩师知识渊博、治学严谨、思想深邃，恩师的教诲让我终身受益。恩师不仅在学术上授道解惑，还深切关怀学生的工作生活，正是恩师的言传身教，师兄、师姐都对师弟、师妹热情指导、细心关照，这正是恩师伟大人格魅力的体现，在这个团体中，我感受了家庭般的温暖。师从恩师，是我一生的荣幸。

感谢福建农林大学经济学院原院长刘伟平教授，感谢经济学院院长王林萍教授、经济学院徐学荣教授、郑庆昌教授、谢志忠教授、王文灿教授、庄佩芬教授、黄晓玲教授、何均琳博士、邓衡山博士、林本喜博士在博士课程中的精彩讲解，这些课程的学习为博士论文的写作奠定了坚实的基础。感谢亲爱的师姐游碧蓉博士无私地提供了很多研究素材，感谢亲爱的师姐林丽琼博士认真仔细看过论文后提出的许多宝贵意见。特别感谢福建农林大学经济学院宁满秀教授，宁博士非常大度地提供了很多中外文献资料和外文文献，宁博士还在计量经济学及 Stata 软件操作方面给予了很多热情而细致的指导。

感谢华南农业大学国家农业制度与发展研究院院长罗必良教授、上海财经大学现代都市农业经济研究中心主任吴方卫教授以及福建农林大学经济学院林丽琼博士在论文开题时提出的很多建设性意见，这些指导对论文的写作有很大的启迪。

感谢江西农业大学经济管理学院原院长陈昭玖博士、原副院长朱红根博士以及江西农业大学新农村发展研究院执行副院长朱述斌教授在博士论文写作中提出的宝贵意见。感谢湖南农业大学经济管理学院原院长李明贤教授在会议紧张之余提出的修改意见。感谢江西农业大学的同事王火根博士、周波博士、赖娟博士等在论文很多棘手的地方都毫无保留给予详尽的建议。

受限于作者学术水平和知识结构，本书难免存在一些疏漏与不足之处，敬请广大读者批评指正，万分感谢！